K

Kleine
Bettlektüre
für
kluge
Köpfe

Scherz

INHALT

SIEGFRIED LENZ

Die große Konferenz

Manchmal, wie die Erfahrung zeigt, glaubt man
etwas zu besitzen, nur weil man sich an den Gedanken des Besitzes gewöhnt hat. Dieser Tat-
bestand war gegeben im Fall der sogenannten
Suleyker Poggenwiese, eines moorigen Landzip-
felchens, das erfüllt war vom quakenden Pala-
ver der Frösche, vom einzelgängerischen Brum-
men der Hummeln, von unablässigem Gepieps
und Gezirp. Die Suleyker, sie sahen nämliche
Poggenwiese als ihren rechtmäßigen Besitz an,
weshalb sie ohne Arg hinaufließen ihre berühm-
ten Schafe, ihre Schimmel, ihre Kühe, ganz zu
schweigen von den Enten, die es unaufhaltsam
zu den Gräben zog.

Es ging gut, sagen wir mal – aber niemand
hat die Jahre gezählt, wie lange es gut ging.
Eines Tages nun zog sich ein Mensch aus Schissomir, Edmund Piepereit mit Namen, seine
Schuhe aus, watete in so einen Graben hinein
und schnappte sich ein ansehnliches Suleyker Erpelchen unter dem Hinweis, daß die Poggenwiese, von Rechts wegen, zu Schissomir gehöre. Und
daher, meinte der Mensch, könnte er betrachten
das Erpelchen gewissermaßen als Strandgut.

Jetzt möchte man wohl wissen, wie sich Suleyken verhielt. Na, zunächst drang es auf Vergeltung, dann horchte es auf, und nachdem es sich herumgehorcht hatte, stellte sich ein eine schmerzhafte Ratlosigkeit. Denn die sogenannte Poggenwiese hatte sich herausgestellt als umstrittener Besitz – worunter zu verstehen ist, daß sowohl Suleyken als auch Schissomir besagte Wiese als ihr Eigentum ansahen.

Da nun aber, wie es jedermann einleuchtete, eine Wiese nicht haben kann zwei Herren, wurde das einberufen, was sich in ähnlichen Fällen schon wiederholt bewährt hat: nämlich eine Konferenz. Diese Konferenz, sie sollte stattfinden in Schissomir, sollte den Streit schlichten und die Poggenwiese dem zusprechen, der die besten Worte finden konnte für den Nachweis des Besitzes. Alles in allem, wie man es sich denken kann, weckte diese Konferenz auf beiden Seiten große Erwartungen.

Nun wurde in Suleyken ein Vertreter gewählt, von dem zu hoffen war, daß er die besten Worte finden würde zum Nachweis des Besitzes. Es liegt nicht nur auf der Hand, daß niemand anderes gewählt wurde als mein Großvater, Hamilkar Schaß, der sich durch angespannte Lektüre geradezu den Ruf eines Suleyker Schriftgelehrten erworben hatte. Gut. Wer Suleyken kennt, wird jetzt nicht allzu kleinlich

sein in der Vorstellung, was meinem Großväterchen, Hamilkar Schaß, mitgegeben wurde als
Ausrüstung: Kniestrümpfe aus Schafwolle und
Briefmarken, Rauchfleisch und Sicherheitsna-
deln, Ohrenschützer, ein Gesangbuch, Streusel-
kuchen, eine ganz neue Peitsche, ferner zwei Ki-
lo ungesponnene Schafwolle, ein Leibriemen
und, natürlich Lektüre über Lektüre, welche sich
vornehmlich zusammensetzte aus älteren, aber
geschonten Exemplaren des Masuren-Kalenders.
Nimmt man das Ganze zusammen, so waren es
ungefähr zwei Fuhrwerke voll, die mein Ahn
als Ausrüstung für die Konferenz erhielt.

Hamilkar Schaß, mein Großväterchen, hielt
es indes für besonders notwendig, zur Konferenz ein Tütchen Zwiebelsamen mitzunehmen,
und zwar aus dem Grunde, weil er dem Glauben
anhing, Zwiebeln seien gut zur Beflügelung des
Geistes. Er pflegte sie mit der gleichen Leidenschaft zu essen, mit der er sich auf seine Lektüre
warf, und er weigerte sich abzureisen, bevor
nicht die entsprechenden Tütchen mit den Zwiebelsamen vorhanden waren. So, und dann reiste
er ab, begleitet von den Segenswünschen und
Hochrufen der Suleyker, reiste mitten hinein in
die Höhle des Löwen von Schissomir.

Schissomir: es hatte vollauf erfaßt Sinn und
Bedeutung solch einer Konferenz, wofür man,
in Zweifelsfällen, nur folgende Tatsachen ins

Auge zu fassen braucht: erstens wurde meinem Großvater zugewiesen eines der ansprechendsten Häuschen von ganz Schissomir, zweitens ein Gärtchen dazu, drittens allerhand ausgesuchte Bequemlichkeiten wie ein Badezuber mit Bürste, ein Stück Seife, ein Bänkchen vor dem Haus zum Nachsinnen, und, nicht zu vergessen, Moos zwischen den Doppelfenstern, für den Fall, daß es im Winter zieht. Man ließ ihm Zeit sich einzurichten, drängte ihn überhaupt nicht, und mein Großväterchen ging, um sich innerlich einzustellen auf die Konferenz, einige Wochen müßig.

Dann aber war es soweit: die Konferenz wurde bestimmt und festgesetzt.

Sie war festgesetzt auf sechs Uhr in der Früh' – man wollte frisch und ausgeruht sein. Es saßen sich gegenüber Hamilkar Schaß aus Suleyken und Edmund Piepereit aus Schissomir, derselbe, der das Erpelchen von einem der Gräben als Strandgut nach Hause getragen hatte. Die erste Sitzung, wenn man so sagen darf, nahm folgenden Verlauf: man begrüßte sich, aß eine riesige Pfanne voll Rührei und sprach über die Aussichten für den Hafer. Und man wäre fast auseinandergegangen, wenn sich jener Piepereit nicht an das Erpelchen erinnert hätte, das sein Weibchen gerade für den nämlichen Abend schmorte. Stand auf, dieser Mensch, nahm sogar eine besondere Feierlichkeit an und sprach so: «Und was übrigens betrifft die Poggenwiese, so gehört sie, wie Augenschein lehrt, nach Schissomir.» Worauf Hamilkar Schaß, mein Großväterchen, in spürbarer Verwunderung den Kopf hob und antwortete: «Ich vermisse», antwortete er, «Edmund Piepereit, die einfachsten Formen der Höflichkeit.» Stand damit auf und spazierte zu seinem Häuschen hinüber, wo er einen Spaten nahm, mit diesem in den Garten ging und gemächlich begann, mehrere Zwiebelbeete anzulegen. Da es gerade die Zeit war, säte er die Zwiebelchen aus, die nach der Ernte dienen sollten der Beflügelung seines Geistes. Und als er damit fertig war, setzte er sich auf das Bänkchen zum Nachsinnen.

Den Leuten von Schissomir war solches Treiben nicht verborgen geblieben; sie nahmen es hin und leiteten daraus ab das Verhältnis meines Großvaters zur Zeit. Und sie begannen zu spüren, daß sich dieser Mann auf das Warten verstand.

Nach, sagen wir mal, ein paar weiteren Wochen – die Zwiebelchen schauten schon ins Licht – wurde abermals eine Sitzung anberaumt. Zugegen waren dieselben Herrn wie bei der ersten, es wurde auch das gleiche gegessen. Und nach einigen Einleitungsworten ließ sich der erwähnte Piepereit folgendermaßen vernehmen: «Es ist uns», sagte er, «eine Ehre, Gastfreundschaft zu üben gegenüber einem Mann wie Hamilkar Schaß, dem Gesandten aus Suleyken. Und mit ihm ist es sogar eine besondere Ehre, denn er ist in mancher Lektüre bewandert, er kann Worte finden, die kaum ein anderer findet, und schließlich ist bekannt und geschätzt seine Einsicht. An seiner Einsicht zu zweifeln wird sich niemand unterstehen, und schon gar nicht in dem Fall, wo es sich handelt um die Poggenwiese. Denn seit die Ritterchen hier waren, seit anno Jagello oder so, hat, wie jeder Einsichtige zugeben wird, die Poggenwiese immer gehört zu Schissomir. Und wenn auch nie viel hergemacht wurde von dem Besitz, es war unsere Wiese und ist, hol's der Teufel, unsere Wiese geblieben mit allem, was darauf herumstolziert oder zu schnattern beliebt. Nur ein Ungebildeter könnte hier zweifeln.»

Na, kaum war ihm das entschlüpft, als Hamilkar Schaß, mein Großvater, aufstand, sich höflich verneigte und sprach: «Eigentlich», sprach er, «müßten die Zwiebelchen schon ziemlich weit sein. Habe sie tatsächlich ein paar Tage aus den Augen gelassen. Aber das kann man ja nachholen.»

Und schon war er draußen, wackelte zu seinem Gärtchen, setzte sich auf die Bank und beobachtete das Wachstum der Zwiebeln. Unterdessen flanierten die Leute von Schissomir an seinen Zwiebelbeeten vorbei, musterten den eingehend, der da auf dem Bänkchen saß, und verfielen in schwermütige Grübeleien, als sie das zuversichtliche Gesicht von Hamilkar Schaß sahen. Sorge regte sich hier und da – Sorge, weil man erkannt hatte, daß das Häuschen, in dem mein Großvater wohnte, und die ausgewählte Nahrung, die man ihm stellen mußte, immerhin etwas kostete, und zwar mehr, als man ursprünglich gedacht hatte.

Jeder wird es ihnen nachfühlen, daß sie deshalb auf eine dritte Sitzung drangen, welche in liebenswürdigster Weise verlief. Es gab gebratene Ente, es gab Rotwein und Fladen, und hinterher gab man Hamilkar Schaß, meinem Großvater, in versteckter, ja fast vorsichtiger Weise zu bedenken, daß die Poggenwiese von altersher Schissomir gehöre. Er allein wäre imstande, das einzusehen. Worauf Hamilkar Schaß nur sagte: «Die Zwiebelchen», sagte er, «sind jetzt soweit. Ich könnte eigentlich gleich anfangen mit dem Ernten.» Worauf er sich höflich verabschiedete und zu seinen Beten zurückkehrte.

Hat man schon gemerkt, wohin das Ende zusteuert? Aber ich möchte es trotzdem noch erzählen.

Der Herbst ging vorüber, der Winter kam und empfahl sich, schon stand – grüßend, wie man sagt – das Frühjahr vor Schissomir: und immer noch brachten die Sitzungen keine Entscheidung. Jener Piepereit, von der Ungeduld seiner Auftraggeber angesteckt, bot eines Tages ganz überraschend an, die Poggenwiese vielleicht zu teilen – so weit war man schon in Schissomir. Aber Hamilkar Schaß, er verfügte sich sanft und freundlich in sein Gärtchen und zog Zwiebeln zur Beflügelung seines Geistes.

Aber schließlich passierte es dann: im frühen Frühjahr, bevor ein anderer daran dachte, fand sich mein Großväterchen im Garten ein, um seine Zwiebelchen für den nächsten Herbst zu bauen. Arbeitete so ganz treuherzig und unschuldig vor sich hin, als Edmund Piepereit unverhofft auftauchte und, mit einigermaßen schreckerfülltem Gesicht, bemerkte: «Du gibst dir, Hamilkar Schaß, wie man sieht, viel Mühe beim Säen von Zwiebeln.» Was meinen Großvater veranlaßte zu antworten: «Das ist nur, Edmund Piepereit, damit ich im nächsten Herbst eine gute Ernte habe.»

Dieser Piepereit, er zitterte vor diesem Gedanken derart, daß er sich ohne Gruß umwandte, jene aufsuchte, die einer Meinung mit ihm gewesen waren, und ihnen auseinandersetzte, was ihn beschäftigte. Und so kam es, daß sich Schissomir bereitfand, Suleyken die Poggenwiese zuzuerkennen für den Fall, daß Hamilkar

Schaß, mein Großvater, auf die Zwiebelernte verzichtete. Was er auch tat.

Muß ich erzählen, welch ein Empfang ihm zuteil wurde, als er nach Suleyken zurückkehrte? Nur soviel möchte ich noch verlauten lassen, daß, auf allgemeinen Beschluß, der Poggenwiese ihr Name genommen und nach langer Gedankenarbeit geändert wurde in Hamilkars Aue – zur Erinnerung an den Sieg in der großen Konferenz von Schissomir.

ANTONIO MACHADO

Der Zuckerbäcker

«Von einem bestimmten Gesichtspunkt aus betrachtet», sagte mein Lehrer, «gibt es nichts Bürgerlicheres als einen Proletarier, da das Proletariat ja letzten Endes eine Schöpfung des Bürgertums ist. Proletarier aller Länder», fügte er hinzu, «vereinigt euch, um so schnell wie möglich mit dem Bürgertum aufzuräumen und demzufolge auch mit dem Proletariat.»

«Ihr Lehrer, lieber Mairena, muß noch verrückter gewesen sein als eine Gummizelle.»

«Durchaus möglich. Aber hören Sie nur,

Freund Tortolez, was er von einem ungläubigen andalusischen Zuckerbäcker erzählte, den ein pragmatischer Philosoph zum Glauben seiner Vorfahren bekehren wollte.»

«Der Vorfahren wessen, Freund Mairena? Dieses ‹seiner› ist etwas doppeldeutig.»

«Wahrscheinlich der Vorfahren des pragmatischen Philosophen. Aber hören Sie nur, was der Philosoph sagte. Wenn Sie an Gott, an einen höchsten Richter, glauben würden, der Ihnen Rechenschaft von Ihren Handlungen abverlangt, würden Sie viel besseres Gebäck herstellen als das, was Sie verkaufen, würden es außerdem viel billiger abgeben und dabei viel Geld verdienen; denn Sie würden dadurch ihre Kundschaft beträchtlich vermehren.› – ‹Aber existiert Gott denn wirklich, Herr Doktor?› fragte der Zuckerbäcker. ‹Das ist eine müßige Frage›, versetzte der Philosoph. ‹Wichtig ist allein, daß Sie an Gott glauben.› – ‹Aber wenn ich das nicht kann?› fragte der Bäcker zurück. ‹Auch das hat keine allzu große Bedeutung. Es genügt schon, daß Sie überhaupt glauben wollen. Denn auf diese Weise tritt eines von diesen drei Dingen ein: entweder Sie glauben schließlich wirklich, oder Sie glauben, daß Sie glauben, was ungefähr auf dasselbe hinausläuft, oder letztenfalls arbeiten Sie an Ihrer Zuckerware, als ob Sie glaubten. Und immer wird dabei herauskommen, daß Sie Ihre Ware zum Vorteil Ihrer Kundschaft und zu Ihrem eigenen Vorteil verbessern.›»

«Der Zuckerbäcker», erzählte mein Lehrer, «war den Argumenten des Philosophen nicht gänzlich unzugänglich. ‹Kommen Sie doch› sagte er zu ihm, ‹in einigen Tagen wieder vorbei.›»

Als der Philosoph wieder vorbeikam, fand er das Ladenschild des Zuckerbäckers verändert, auf dem nun folgendes zu lesen stand: ‹Konditorei Angel Martínez, Hoflieferant Seiner Himmlischen Majestät.›»

«Schön und gut. Aber nun sollte man noch wissen, Freund Mairena, ob die Qualität des Gebäcks . . .»

«In der Tat, die Qualität des Gebäcks hatte sich nicht verändert. Es war halt so, wie es der Zuckerbäcker zu seinem Freunde, dem Philosophen, sagte: ‹Wichtig ist einzig und allein, daß Sie glauben, sie hätte sich verbessert, oder daß Sie das wenigstens glauben wollen oder letztenfalls dieses Gebäck verzehren und es mir bezahlen, als ob Sie es glauben würden.›»

CHARLES EINSTEIN

Glück im Spiel

Rafferty war nicht der einzige, der am Sieb-
zehn-und-Vier-Tisch verlor, aber er saß schon
am längsten da. Seit zehn Uhr morgens. Jetzt
war es nach drei, und die Kellnerinnen vom
Wanderlust, dem schicksten und neuesten Hotel
in Las Vegas, hatten ihm schon mindestens fünf-
mal einen freien Schnaps angeboten. Das Hotel
konnte es sich leicht leisten, ihm Drinks zu spen-
dieren, damit er blieb, wo er war.

Aber er trank nicht; er verlor nur. Verlieren-
de Spieler sind von vornherein mißtrauisch. Dies
hier war Las Vegas, das Wanderlust war ein
ganz neues Hotel, und die Gesichter der Karten-
geber kannte er nicht.

Der Geber gab Rafferty zwei Fünfen, sich
selbst eine Sechs. Rafferty hatte vierzig Dollar
gesetzt. Er legte noch acht Fünf-Dollar-Chips
auf den Tisch, um seinen Einsatz zu verdoppeln,
und nahm eine verdeckte Karte auf. Verstohlen
schielte er unter eine Ecke: eine Königin. Rafferty hatte jetzt zwanzig.

Der Geber deckte seine Karte auf: eine Sieben. Jetzt hatte er dreizehn. Dann ein Aß.
Vierzehn. Er nahm noch einmal: eine Zwei.

Sechzehn. Er gab sich zum letzten Mal: eine Fünf. Einundzwanzig. Mit einer geübten Seitwärtsbewegung seiner Hand räumte er Raffertys Chips ab.

«Ich möchte ein neues Kartenspiel», sagte Rafferty.

«Wie bitte?»

«Ich sagte, ich möchte neue Spielkarten.»

«Aber wir haben doch diese hier erst vor zehn Minuten angebrochen.»

«Es macht mich kaputt. Ich will ein neues Spiel.» Rafferty befeuchtete seine Lippen. «Und einen neuen Geber.»

Die beiden anderen Mitspieler wurden unruhig. Sie verloren auch, und vielleicht waren sie im stillen Raffertys Meinung, aber sie wollten nicht in die Sache hineingezogen werden.

Sie wurden mit hineingezogen. Der Geber tat es: «Will sich einer der Herren beschweren?» fragte er.

Die beiden Männer starrten schweigend auf den grün bezogenen Tisch.

«Kümmern Sie sich nicht um die andern», sagte Rafferty kühl. «Es genügt, wenn sich einer beschwert. Und das bin ich.»

Wie aus dem Nichts tauchte der Geschäftsführer auf. Das ist keine genaue Beschreibung: alle Geschäftsführer tauchen wie aus dem Nichts auf. Der Mann war klein, ging leise, hatte ein

Ledergesicht und schwarze Haare. «Und?» fragte er den Geber.

Der Geber nickte zu Rafferty hinüber.

«Bitte, Mr. Rafferty?» sagte der Geschäftsführer. Sie wußten seinen Namen. Er hatte heute schon drei Schecks eingelöst.

«Mir gefallen die Karten nicht.»

«Vor zehn Minuten habe ich ein neues Spiel angebrochen», erklärte der Geber.

«Breiten Sie sie aus», sagte der Geschäftführer.

Der Geber legte die Karten offen auf den Tisch.

«Nein», sagte Rafferty. «Sie vergeuden nur Ihre Zeit.»

«Okay», sagte der Geschäftsführer, «neue Karten.»

«Wozu?» fragte Rafferty. Er seufzte. «Sie kommen doch alle aus derselben Kiste, oder?»

«Aber», sagte der Geschäftführer, «was wollen Sie dann?»

Rafferty seufzte wieder. «Sie wissen», begann er, «daß es für ein neues Hotel wie dieses schlimm wäre, wenn es in Verruf käme. Wenn Sie Ihre Spiellizenz verlieren, sind Sie erledigt. Das wissen Sie genau, nicht wahr?»

«Er hat ein neues Spiel verlangt», sagte der Geber gereizt zum Geschäftsführer. «Sie wollen ihm eins geben, und jetzt sagt er ‹Nein›. Vielleicht nörgelt er bloß, weil er verliert.»

«Ich will ja ein neues Spiel», sagte Rafferty. «Aber nicht aus der Kiste da hinter dem Vorhang. Nehmen wir einmal an, ich hätte oben in meinem Zimmer ein neues Spiel. Würden Sie mit meinen Karten spielen?»

Der Geschäftsführer lachte. Dann sah er Rafferty ins Gesicht und brach ab. «Sie wissen ganz genau», sagte er, «daß das nicht geht, Mr. Rafferty. Das Haus stellt die Karten.»

«Ich habe sie dort drüben am Zigarettenstand gekauft», sagte Rafferty. «Es ist die gleiche Marke, wie Sie sie benützen.»

«Wir haben nicht gesehen, wie Sie sie kauften», meinte der Geber. «Wir wissen auch nicht, was Sie oben damit gemacht haben.»

«Halten Sie den Mund!» sagte der Geschäftsführer zu ihm.

«Und ich weiß nicht, was Sie hier unten mit ihnen machen», sagte Rafferty zu dem Geber. «Ich weiß nur, daß in Ihrem Spiel eine Menge Fünfen sind.»

«Niemand zwingt Sie zu spielen», sagte der Geber. «Wenn Sie das Spiel nicht mögen, zwingt Sie niemand, hier sitzen zu bleiben.»

«Ich sagte Ihnen doch, Sie sollen den Mund halten», sagte der Geschäftsführer. Vier oder fünf Leute waren hinter Rafferty und den beiden anderen Spielern stehengeblieben und hörten zu.

«Mr. Rafferty, kann ich Sie einen Augenblick sprechen?»

«Wir können uns hier unterhalten», meinte Rafferty. Aber in dem Blick des Geschäftsführers lag etwas, das ihn veranlaßte, achselzuckend aufzustehen. «Na schön.» Er ging vom Spieltisch weg, und der Geschäftsführer bückte sich unter dem Seil hindurch und folgte ihm.

«Wieviel haben Sie verloren?» fragte er leise.

«Ich weiß es nicht genau. Ein paar tausend ungefähr. Ist das wichtig?»

«Hören Sie, wir spielen sauber. Andererseits wollen wir keinen Ärger. Wir werden in vernünftigen Grenzen alles tun, um zu beweisen, daß wir ehrlich sind.»

«Aber Sie wollen nicht mit meinen Karten spielen.»

«Ich sagte, in vernünftigen Grenzen.»

«Es sind die gleichen Karten, die Sie auch verwenden. Ich habe Sie da drüben gekauft.»

Der Geschäftsführer schüttelte den Kopf. «Das würde kein Mensch vernünftig nennen, Mr. Rafferty. Der Geber hat recht. Keiner weiß, ob Sie sie dort gekauft haben. Und keiner weiß, wie lange das schon her ist. Wenn Sie jetzt auf der Stelle ein Spiel kauften und wir sofort damit spielten, wäre das etwas anderes.»

«Einverstanden», sagte Rafferty.

«Wie bitte?»

«Ich bin einverstanden. Es war Ihr Vorschlag. Ich nehme ihn an.»

«Ich verstehe Sie nicht.»

«Ich gehe mit Ihnen zum Zigarettenstand und kaufe ein neues Kartenspiel. Dann kehren wir zum Spieltisch zurück und spielen damit.»

«Ach, Mr. Rafferty», sagte der Geschäftsführer, «seien Sie nicht lächerlich.»

«Lächerlich?» Raffertys Stimme wurde lauter, und der Geschäftsführer sah sich unsicher um. «Ich akzeptiere doch nur einen Vorschlag, den Sie eben selbst gemacht haben.»

«Aber es ist einfach nicht üblich», meinte der Geschäftsführer. «Stellen Sie sich vor, jeder käme hier herein und wollte mit seinen eigenen Karten oder Würfeln spielen. Wir wären nur damit beschäftigt, die Leute zu überprüfen.»

«Ich bin aber nicht jeder», erwiderte Rafferty. «Sie machen einen Vorschlag, und in dem Moment, wo ich ihn annehme, fallen Sie um. Sie behaupten, daß die Karten hier die gleichen sind wie da drüben. Ich spiele also gar nicht mit meinen eigenen. Ich spiele mit Ihren Karten.»

«Und wo ist der Unterschied?»

«Der Unterschied ist, daß Sie behauptet haben, es wären die gleichen Karten; ich habe das nicht gesagt. Ich möchte gern feststellen, ob die Karten, die Sie hier am Stand verkaufen, die gleichen sind wie die, mit denen Sie spielen. Nennen Sie es ein Experiment.»

Rafferty grinste kalt. Dann drehte er sich plötzlich um und ging mit ein paar Schritten zum Zigarettenstand.

Der Geschäftsführer folgte ihm. «Was machen Sie?» fragte er.

«Ich kaufe nur ein Spiel», antwortete Rafferty. Er nickte dem Mädchen hinter der Theke zu. «Ein Päckchen Karten.»

«Einen Dollar, Sir», sagte das Mädchen und schob ihm das Päckchen über die Glasplatte der Theke zu.

Rafferty legte einen Silberdollar auf die Platte, drehte sich um und hielt dem Geschäftsführer die Karten hin. «Hier, nehmen Sie sie! Damit Sie sicher sind, daß ich nicht schwindle.»

Der Geschäftsführer nahm die Karten und starrte ihn an. «Sie wissen, daß wir sehr empfindlich sind, und deshalb versuchen Sie, Schwierigkeiten zu machen, nicht wahr?»

«Nein. Sie sind derjenige, der Schwierigkeiten macht. Ich will bloß eine reelle Chance. Ich wiederhole, ich nehme nur Ihr Angebot an.»

Der Geschäftsführer schluckte. «Und wenn Sie jetzt eine Glückssträhne haben?»

«Dann habe ich eben eine.»

«Und Sie können herumgehen und behaupten, es beweise, daß wir nicht ehrlich sind.»

«Wenn Sie ehrlich sind, brauchen Sie sich keine Sorgen zu machen.»

«Und wenn Sie weiter verlieren? Was dann? Wollen Sie es dann dem Geber in die Schuhe schieben?»

«Die Leute werden uns beobachten. Vor Kartentricks habe ich keine Angst. Diesmal nicht.»

«Sie könnten aber sitzenbleiben und sich beschweren und noch mehr Ärger machen.»

«Nein. Ein Spiel wird nur etwa eine Stunde benützt. Wenn ich dann wieder zum Zigarettenstand ginge und noch ein Spiel kaufte, das wäre *unvernünftig*, nicht wahr? Nein, ich habe mein Spiel gemacht. Es würde mich wirklich interessieren, ob Sie meinen, daß das zuviel verlangt ist.»

Der Geschäftsführer sah auf seine Schuhe hinunter. «Es beweist gar nichts, wissen Sie. Wenn wir unehrlich wären, wäre es für uns die einfachste Sache von der Welt, zu schwindeln, damit Sie gewinnen.»

«Ich wäre entzückt», sagte Rafferty. «Doch das würde für Sie ganz dumm aussehen.»

«Aber was wollen Sie denn dann?»

«Einen neuen Start mit neuen Karten.»

«Mr. Rafferty», begann der Geschäftsführer, «ich . . .» Er machte eine Pause. «Schön. Ich gebe Ihnen eine Stunde.»

«Danke», sagte Rafferty. Sie gingen zum

Spieltisch zurück. Ein neuer Geber wurde geholt. Der Geschäftsführer selbst brach das Siegel auf und breitete die Karten aus.

Rafferty spielte eine Stunde lang, wobei ihn der Geschäftsführer und eine ständig wachsende Zuschauermenge beobachteten.

Nach der Stunde stand Rafferty auf. Er hatte achtzehntausend Dollar gewonnen.

«Sind Sie zufrieden?» fragte der Geschäftsführer.

«Nicht ganz», antwortete Rafferty glatt. «Ich bekomme noch einen Dollar.»

«Sie bekommen . . .?»

«Für die Karten.»

«Ach so», sagte der Geschäftsführer. Er konnte sich nur noch mühsam beherrschen. «Keinen Dollar, Mr. Rafferty, die Karten sind jetzt keinen Dollar mehr wert. Sie sind gebraucht. Hier haben Sie die Karten, Mr. Rafferty. Verkaufen Sie sie, so gut Sie können. Und ich möchte noch etwas hinzufügen, auch wenn ich das eigentlich nicht darf – kommen Sie nicht wieder her, Mr. Rafferty! Es ist uns zu teuer, Ihnen zu beweisen, daß wir ehrlich sind, und ich meine damit nicht nur das Geld. Wir schätzen Leute, die unsere Worte nicht anzweifeln, denn wir sind ehrlich, und wir haben ihr Vertrauen. Die einzige Möglichkeit, im Geschäft zu bleiben, ist, ehrlich zu sein und sich mit dem üblichen Anteil zu begnügen. Verstehen Sie, was ich meine, Mr. Rafferty?»

«Sehr gut», antwortete Rafferty. «Sie brauchen sich keine Sorgen zu machen: Ich komme nicht wieder. Noch so eine Glückssträhne wäre sehr unwahrscheinlich.»

Er nickte, bahnte sich einen Weg durch die Zuschauermenge, ging zum Fahrstuhl und fuhr zu seinem Zimmer hinauf. Eine junge Frau saß an einem Schreibtisch. Sie hatte eine hauchdünne Zeichenfeder in der Hand und markierte die Rückseiten eines neuen Kartenspiels. Die Verpackung der Karten hatte sie so geöffnet, daß das Siegel unbeschädigt geblieben war.

«Hallo», begrüßte sie Rafferty. «Wie steht's?» Sie war das Mädchen, das hinter der Theke des Zigarettenkiosks gestanden hatte.

«Fünfzehn netto», sagte Rafferty. «Ich habe dir doch gesagt, daß du dich hier oben nicht sehen lassen sollst. Laß die Karten sein. Warte damit, bis wir in Reno sind.»

RAMÓN GÓMEZ DE LA SERNA

Der gebildete Dieb

Der Dieb wußte, daß das Geld in irgendeinem
Buch der Bibliothek versteckt war. Aber es gab
da so viele Bücher!

Er begann mit denen, die am höchsten standen. Überm Blättern fand er Geschmack am Lesen, an der Lösung von Rätseln.

Das Haus war ein Landhaus und lag ziemlich einsam. Er hatte Zeit für seine Nachfor-
schungen.

Er wühlte sich in die beschriebenen Blätter,
Blätter, die von denen geschrieben waren, die
das Schreiben dem Stehlen vorziehen und ihre
langen Nächte daran vergeuden.

Er entdeckte eine Gemeinsamkeit zwischen
sich, dem Dieb und den Büchern, welche auf eine
raffiniertere Weise die Wirklichkeit stahlen.

Der Augenblick kam, in dem er, ohne die
Geldscheine gefunden zu haben, bereits vor den
Büchern der unteren Bretter stand. Da fühlte er
sich so gebildet, daß er sich um einen Lehrstuhl
bewarb.

JOHANN PETER HEBEL

Merkwürdige Schicksale eines jungen Engländers

Eines Tages reiste ein junger Engländer auf dem Postwagen zum erstenmal in die große Stadt London, wo er von den Menschen, die daselbst wohnten, keinen einzigen kannte als einen Schwager, den er besuchen wollte, und seine Schwester, so des Schwagers Frau war. Auch auf dem Postwagen war neben ihm niemand als der Kondukteur, das ist der Aufseher über den Postwagen, der auf alles achthaben und an Ort und Stelle über die Briefe und Pakete Rede und Antwort geben muß; und die zwei Reisekameraden dachten damals nicht daran, wo sie einander das nächstemal wiedersehen würden. Der Postwagen kam erst in der tiefen Nacht in London an. In dem Posthause konnte der Fremde nicht über Nacht bleiben, weil der Postmeister daselbst ein vornehmer Herr ist und nicht wirtet, und des Schwagers Haus wußte der arme Jüngling in der ungeheuer großen Stadt, bei stockfinsterer Nacht, so wenig zu finden als in einem Wagen voll Heu eine Stecknadel.

Da sagte ihm der Kondukteur: «Junger Herr, kommt Ihr mit mir! Ich bin zwar auch nicht hier daheim; aber ich habe, wenn ich nach London komme, bei einer Verwandten ein Stüblein, wo zwei Betten stehen. Meine Base wird Euch beherbergen, und morgen könnt Ihr Euch alsdann nach Eures Schwagers Haus erkundigen, wo Ihr's besser finden werdet.»

Das ließ sich der junge Mensch nicht zweimal sagen. Sie tranken bei der Frau Base noch einen Krug englisches Bier, aßen eine Knackwurst dazu und legten sich dann schlafen. In der Nacht kam den Fremden eine Notdurft an, und er mußte hinausgehen. Da war er schlimmer dran als noch nie. Denn er wußte in seiner damaligen Nachtherberge, so klein sie war, so wenig Bescheid als ein paar Stunden vorher in der großen Stadt. Zum Glück aber wurde der Kondukteur auch wach und sagte ihm, wie er gehen müsse, links und rechts, und wieder links. «Die Türe», fuhr er fort, «ist zwar verschlossen, wenn Ihr an Ort und Stelle kommt, und wir haben den Schlüssel verloren. Aber nehmt in meinem Rokkelorsack mein großes Messer mit, und schiebt es zwischen dem Türlein und dem Pfosten hinein, so springt inwendig die Falle auf! Geht nur dem Gehör nach! Ihr hört ja die Themse rauschen, und zieht etwas an, die Nacht ist kalt!»

Der Fremde erwischte in der Geschwindigkeit und in der Finsternis das Kamisol des Kondukteurs statt des seinen, zog es an und kam glücklich an den Platz. Denn er schlug es nicht hoch an, daß er unterwegs einmal den Rank zu kurz genommen hatte, so daß er mit der Nase an ein Eck stieß und wegen dem hitzigen Bier, so er getrunken hatte, entsetzlich blutete. Allein ob dem Blutverlust und der Verkältung bekam er eine Schwäche, und schlief ein. Der nachtfertige Kondukteur wartete und wartete, wußte nicht, wo sein Schlafkamerad so lange bleibt, bis er auf der Gasse einen Lärm vernahm, da fiel ihm im halben Schlaf der Gedanke ein: «Was gilt's, der arme Mensch ist an die Haustüre gekommen, ist auf die Gasse hinausgegangen und gepreßt worden.» Denn wenn die Engländer viel Volk auf ihre Schiffe brauchen, so gehen unversehens bestellte starke Männer nachts in den gemeinen Wirtsstuben, in verdächtigen Häusern und auf der Gasse herum, und wer ihnen alsdann in die Hände kommt und tauglich ist, den fragen sie nicht lange: «Landsmann, wer bist du?» oder «Landsmann, wer seid Ihr?», sondern machen kurzen Prozeß, schleppen ihn – gern oder ungern – fort auf die Schiffe, und Gott befohlen! Solch eine nächtliche Menschenjagd nennt man Pressen, und deswegen sagte der Kondukteur: «Was gilt's, er ist gepreßt worden!»

In dieser Angst sprang er eilig auf, warf einen Rockelor um sich und eilte auf die Gasse, um womöglich den armen Schelm zu retten. Als er aber eine Gasse und zwei Gassen weit dem Lärm nachgegangen war, fiel er selber den Pressern in die Hände, wurde auf ein Schiff geschleppt – ungern – und den andern Morgen weiters. Weg war er.

Nachher kam der junge Mensch im Hause wieder zu sich, eilte, wie er war, in sein Bette zurück, ohne den Schlafkameraden zu vermissen, und schlief bis in den Tag.

Unterdessen wurde der Kondukteur um acht Uhr auf der Post erwartet, und als er immer und immer nicht kommen wollte, wurde ein Postbedienter abgeschickt, ihn zu suchen. Der fand keinen Kondukteur, aber einen Mann mit blutigem Gewand im Bett liegen, auf dem Gang ein großes offenes Messer, Blut bis auf den Abtritt, und unten rauschte die Themse. Da fiel ein böser Verdacht auf den blutigen Fremdling, er habe den Kondukteur ermordet und in das Wasser geworfen. Er wurde in ein Verhör geführt, und als man ihn visitierte und in den Taschen des Kamisols, das er noch immer anhatte, einen ledernen Geldbeutel fand, mit dem wohlbekannten silbernen Petschaftsring des Kondukteurs am Riemen befestigt, da war es um den armen Jüngling geschehen. Er berief sich auf seinen Schwager – man kannte ihn nicht –, auf seine Schwester – man wußte von ihr nichts.

Er erzählte den ganzen Hergang der Sache, wie er sie wußte. Aber die Blutrichter sagten: «Das sind blaue Nebel, und Ihr werdet gehenkt.»

Und wie gesagt, so geschehen, noch am nämlichen Nachmittag nach englischem Recht und Brauch. Mit dem engländischen Brauch aber ist es so: Weil in London der Spitzbuben viele sind, so macht man mit denen, die gehenkt werden, kurzen Prozeß, und bekümmern sich nicht viele Leute darum, weil man's oft sehen kann. Die Missetäter, so viel man auf einmal hat, werden auf einen breiten Wagen gesetzt und bis unter den Galgen geführt. Dort hängt man den Strick in den bösen Nagel ein, fährt alsdann mit dem Wagen unter ihnen weg, läßt die schönen Gesellen zappeln und schaut sich nicht um. Allein in England ist das Hängen nicht so schimpflich wie bei uns, sondern nur tödlich. Deswegen kommen nachher die nächsten Verwandten des Missetäters und ziehen so lange unten an den Beinen, bis der Herr Vetter oben erstickt. Aber unserm Fremden tat niemand diesen traurigen Dienst der Liebe und Freundschaft an, bis abends ein junges Ehepaar, Arm in Arm, auf einem Spaziergang von ungefähr über den Richtplatz wandelte, und im Vorbeigehen nach dem Galgen schaute. Da fiel die Frau mit einem lauten Schrei des Entsetzens in die Arme ihres Mannes:

«Barmherziger Himmel, da hängt unser Bruder!»

Aber noch größer wurde der Schrecken, als der Gehenkte bei der bekannten Stimme seiner Schwester die Augenlider aufschlug und die Augen fürchterlich drehte. Denn er lebte noch, und das Ehepaar, das vorüberging, war die Schwester und der Schwager. Der Schwager aber, der ein entschlossener Mann war, verlor die Besinnung nicht, sondern dachte in der Stille auf Rettung.

Der Platz war entlegen, die Leute hatten sich verlaufen, und um Geld und gute Worte gewann er ein paar beherzte und vertraute Burschen, die nahmen den Gehenkten mir nichts dir nichts ab, als wenn sie das Recht dazu hätten, und brachten ihn glücklich und unbeschrien in des Schwagers Haus. Dort ward er in wenig Stunden wieder zu sich gebracht, bekam ein kleines Fieber und wurde unter der lieben Pflege seiner getrösteten Schwester bald wieder völlig gesund.

Eines Abends aber sagte der Schwager zu ihm: «Schwager, Ihr könnt nun in dem Land nicht bleiben. Wenn Ihr entdeckt werdet, so könnt Ihr noch einmal gehenkt werden, und ich dazu. Und wenn auch nicht, so habt Ihr ein Halsband an Eurem Hals getragen, das für Euch und Eure Verwandten ein schlechter Staat war.

Ihr müßt nach Amerika. Dort will ich für Euch sorgen.»

Das sah der gute Jüngling ein, ging bei der ersten Gelegenheit in ein vertrautes Schiff und kam nach 80 Tagen glücklich in dem Seehafen von Philadelphia an. Als er aber hier an einem landfremden Ort mit schwerem Herzen wieder an das Ufer ging, und als er eben bei sich selber dachte: «Wenn mir doch Gott nur einen einzigen Menschen entgegenführte, der mich kennte!», siehe, da kam in armseliger Schiffskleidung der Kondukteur. Aber so groß sonst die Freude des unverhofften Wiedersehens an einem solchen fremden Orte ist, so war doch hier der erste Willkommen schlecht genug. Denn der Kondukteur, als er seinen Mann erkannte, ging er mit geballter Faust auf ihn los: «Wo führt Euch der Böse her, verdammter Nachtläufer? Wißt Ihr, daß ich wegen Euch bin gepreßt worden?»

Der Engländer aber sagte: «Goddam, Ihr vermaledeiter Überall und Nirgends, wißt Ihr, daß man wegen Euch mich gehenkt hat?»

Hernach aber gingen sie miteinander ins Wirtshaus und erzählten sich ihr Schicksal. Und der junge Engländer, der in einem Handlungshaus gute Geschäfte machte, ruhte nachher nicht, bis er seinen guten Freund loskaufte und wieder nach London zurückschicken konnte.

KARL KRAUS

Definitionen

Leben ist, wenn es längst schon kein Leben.
Freiheit ist, wenn Gewalt gleich daneben.
Behörde ist, wenn man sich's richtet.
Zeitung ist, wenn es meistens erdichtet.
Gerücht ist, wenn man nicht weiß, wer's erlogen.
Geschäft ist, wenn man gleichfalls betrogen.
Ordnung ist, wenn man die Unordnung duldet.
Ruin ist, wenn er meist selber verschuldet.
Friede ist, wenn man ihn nicht kann erlangen.
Krieg ist, wenn man nicht angefangen.
Mut ist, wenn oberster Kriegsherr befiehlt.
Gut und Blut ist, wenn Vaterland mordet
   und stiehlt.
Republik ist, wenn man nicht Monarchie ist.
Monarchie ist, wenn man ein Vieh ist.
Majestät ist, wenn sie geruht hat.
Kritik ist, wenn man auf wen eine Wut hat.
Theater ist, wenn Direktion in Krisen.
Frühling ist, wenn Herbst auf den Wiesen.
Adel ist, wenn es zu nichts verpflichtet.
Andacht ist, wenn man's vor Leuten verrichtet.
Moral ist, wenn grad niemand dabei ist.
Zweifel ist, wenn es ganz einerlei ist.
Glaube ist, wenn man jenseits den Lohn hat.

Ruhm ist, wenn man sonst nichts davon hat.
Flucht ist, wenn Siegfriedstellung bezogen.
Zusammenbruch ist, wenn alles reiflich erwogen.
Abgrund ist, wenn man davor immer stehn tut.
Wunder ist, wenn es trotzdem gehn tut.
Sanierung ist, wenn die Toten gesunden.
Justiz ist, wenn die Augen verbunden ...
Abgeordneter ist, wenn man gegen alles
    immun ist.
Volkszählung ist, wenn nichts Gescheites zu
    tun ist.
Tugend ist, wenn es vorbei mit dem Durst ist.
Staat ist, wenn schon eh alles wurst ist.

OSCAR WILDE

Das Millionärmodell

Wenn man nicht reich ist, hat es keinen Zweck, ein liebenswürdiger Mensch zu sein. Romantik ist das Vorrecht der Wohlhabenden, nicht der Beruf der Arbeitslosen. Die Armen sollten praktisch und prosaisch sein. Es ist besser, ein festes Einkommen zu haben, als bestrickend zu sein. Dies sind die großen Wahrheiten des modernen Lebens, die Hughie Erskine nie erkannte. Der arme Hughie! In geistiger Beziehung, das muß eingeräumt werden, war er nicht sehr bedeutend. In seinem ganzen Leben tat er keinen glänzenden oder auch nur einen bösartigen Ausspruch. Doch dafür sah er wunderbar aus mit seinem braunen Lockenhaar, seinem klar geschnittenen Profil und seinen grauen Augen. Er war bei Männern ebenso beliebt wie bei Frauen, und er verfügte über alle Fähigkeiten außer der des Geldverdienens. Sein Vater hatte ihm seinen Kavalleriesäbel und eine «Geschichte des Spanischen Krieges der Engländer gegen Napoleon I.» in fünfzehn Bänden hinterlassen. Den erstgenannten hängte Hughie über seinem Spiegel auf, die letztgenannten stellte er auf ein Bücherbord zwischen «Ruffs Führer durch London» und «Baileys Magazin» und lebte von zweihundert Pfund im Jahr, die eine alte Tante ihm aussetzte. Er hatte alles versucht. Ein halbes Jahr lang war er auf die Börse gegangen; aber was konnte ein Schmetterling unter Haussiers und Baissiers ausrichten? Etwas länger war er Teehändler gewesen, aber des Pekko- und Souchongtees bald müde geworden. Dann hatte er versucht, herben Sherry zu verkaufen. Das ging nicht; der Sherry war ein bißchen zu herbe. Schließlich wurde er nichts, ein entzückender, untauglicher junger Mann mit einem vollkommenen Profil und keinem Beruf.

Um das Übel voll zu machen, war er auch noch verliebt. Das Mädchen, das er liebte, war Laura Merton, die Tochter eines pensionierten Obersten, der seine gute Laune und seine gute Verdauung in Indien eingebüßt und keines von beidem jemals wiedergewonnen hatte. Laura betete Hughie an, und er war bereit, ihre Schuhbänder zu küssen. Es gab kein schöneres Paar in London, und sie besaßen zusammen kein Kupferstück. Der Oberst mochte Hughie sehr gern, doch wollte er von einer Verlobung nichts wissen.

«Komm zu mir, mein Junge, wenn du zehntausend Pfund dein eigen nennst, und wir wollen die Sache besprechen», pflegte er zu sagen; und Hughie blickte an solchen Tagen sehr verdrossen drein und mußte zu Laura gehen, um sich trösten zu lassen.

Eines Morgens, als er auf dem Weg nach Holland Park war, wo die Mertons wohnten, kam es ihm in den Sinn, einen guten Freund, Alan Trevor, aufzusuchen. Trevor war Maler. Dem entgehen heutzutage ja nur wenige. Aber er war auch ein Künstler, und Künstler sind ziemlich selten. Äußerlich war er ein sonderbar grober Bursche mit sommersprossigem Gesicht und rotem, zerzausten Bart. Doch wenn er den Pinsel zur Hand nahm, war er ein wirklicher Meister, und nach seinen Bildern herrschte starke Nachfrage. Anfangs hatte Hughie ihn lediglich durch seinen persönlichen Zauber sehr angezogen. «Die einzigen Menschen, die ein Maler kennen sollte», pflegte er zu sagen, «sind die dummen und schönen; Menschen, die anzusehen ein künstlerischer Genuß ist, und mit denen zu reden ein geistiges Ausruhen bedeutet. Die Gecken und die süßen Täubchen regieren die Welt, wenigstens sollten sie es.» Doch als er Hughie näher kennenlernte, schloß er ihn ebensosehr ins Herz wegen seines heiteren, frischen Wesens und seiner großmütigen, sorglosen Natur, und räumte ihm das Vorrecht ein, ihn jederzeit in seinem Atelier besuchen zu dürfen.

Als Hughie eintrat, war Trevor gerade im Begriff, die letzten Pinselstriche an dem wundervollen, lebensgroßen Bildnis eines Bettlers zu tun. Der Bettler selber stand auf einem Podium in einer Ecke des Ateliers. Es war ein runzliger, alter Mann mit einem Gesicht wie zerknittertes Pergament und höchst erbarmenswertem Ausdruck. Über seine Schulter war ein völlig zerlumpter und zerfetzter, grober brauner Umhang geworfen, seine plumpen Stiefel waren vielfach geflickt, und mit der einen Hand stützte er sich auf einen derben Stock, während er mit der andern seinen verbeulten Hut für Almosen hinhielt.

«Was für ein prächtiges Modell!» flüsterte

Hughie, indem er seinem Freunde die Hand drückte.

«Ein prächtiges Modell?» schrie Trevor mit der ganzen Kraft seiner Stimme. «Das will ich meinen! Einen solchen Bettler trifft man nicht alle Tage. Eine *trouvaille, mon cher,* ein lebender Velazquez! Meiner Treu, was für eine Radierung hätte Rembrandt nach ihm gemacht!»

«Der arme alte Kerl!» sagte Hughie. «Wie elend er aussieht! Aber für euch Maler ist sein Gesicht sein Vermögen, nicht wahr?»

«Gewiß», erwiderte Trevor, «du verlangst doch wohl nicht, daß ein Bettler glücklich aussieht, wie?»

«Wieviel bekommt ein Modell für die Sitzung?» fragte Hughie, nachdem er es sich auf einem Diwan bequem gemacht hatte.

«Einen Schilling für die Stunde.»

«Und wieviel bekommst du für dein Bild, Alan?»

«Oh, für das hier bekomme ich zweitausend!»

«Pfund?»

«Guineen. Maler, Dichter und Ärzte werden immer in Guineen bezahlt.»

«Nun, ich finde, die Modelle sollten Prozente erhalten», rief Hughie lachend. «Sie arbeiten ebenso hart wie du.»

«Unsinn! Unsinn! Schau einmal, wieviel Mühe mir allein das Farbenauftragen macht, und dann den ganzen Tag vor der Staffelei zu stehen! Du hast gut reden, Hughie, aber ich versichere dir, es gibt Augenblicke, wo die Kunst beinahe den Rang des Handwerks erreicht. Aber halt jetzt den Mund; ich bin sehr beschäftigt. Rauch eine Zigarette und sei still.»

Nach einiger Zeit kam der Diener herein und teilte Trevor mit, daß der Glaser ihn zu sprechen wünschte.

«Geh noch nicht fort, Hughie», sagte Trevor, während er hinausging, «ich bin gleich wieder da.»

Der alte Bettler benützte die Abwesenheit des Malers, um sich auf der hinter ihm stehenden Holzbank eine Weile auszuruhen. Er sah so verloren und elend aus, daß Hughie sich des Mitleids nicht erwehren konnte und in seinen Taschen kramte, um nachzusehen, wieviel Geld er hatte. Er fand jedoch nichts anderes als einen Sovereign und ein paar Kupfermünzen. «Der arme alte Kerl», sagte er zu sich selbst, «er braucht das Geld mehr als ich, aber das bedeutet vierzehn Tage keinen Wagen.» Er durchquerte das Atelier und drückte dem Bettler den Sovereign in die Hand.

Der alte Mann stutzte, und ein schwaches Lächeln zuckte um seine dünnen Lippen. «Danke, Herr», sagte er, «danke.»

Dann kehrte Trevor zurück, und Hughie verabschiedete sich. Er verbrachte den Tag mit Laura, mußte wegen seiner Verschwendung eine reizende Standpauke über sich ergehen lassen und zu Fuß nach Hause gehen.

Am Abend dieses Tages begab er sich gegen elf Uhr in den Malerklub, wo er Trevor ganz allein im Rauchzimmer vor einem Glase Rheinwein mit Selterswasser fand.

«Nun, Alan, bist du mit deinem Bild fertig geworden?» erkundigte er sich, indem er seine Zigarette anzündete.

«Fixfertig und schon gerahmt, mein Junge!» antwortete Trevor. «Übrigens hast du eine Eroberung gemacht. Das alte Modell, das du bei mir gesehen hast, ist ganz vernarrt in dich. Ich mußte ihm alles von dir erzählen – wer du bist, wo du wohnst, wie hoch dein Einkommen ist, was für Zukunftsaussichten du hast ...»

«Mein lieber Alan», rief Hughie, «wahrscheinlich wird der Mann auf mich warten, wenn ich heimkomme. Aber du machst natürlich nur Scherz. Der arme alte Tropf! Ich wünschte, ich könnte etwas für ihn tun. Es muß schrecklich sein, wenn man so elend dran ist. Ich habe zu Hause einen Haufen alte Kleider – meinst du nicht auch, daß er sie brauchen könnte? Seine Lumpen hingen ja in Fetzen.»

«Aber er sieht darin prachtvoll aus», erwiderte Trevor. «Um nichts in der Welt würde ich ihn im Frack malen. Was du Lumpen nennst, nenne ich Romantik. Was dir jammervoll erscheint, ist für mich malerisch. Immerhin werde ich ihm von deinem Angebot Mitteilung machen.»

«Alan», sagte Hughie ernst, «ihr Maler seid eine herzlose Bande.»

«Das Herz des Künstlers ist sein Kopf», gab Trevor zurück. «Und außerdem besteht unsere Aufgabe darin, die Welt so darzustellen, wie wir sie sehen, nicht sie umzuformen, wie wir sie kennen. *A chacun son métier*. Und jetzt erzähl mir, wie es Laura geht. Das alte Modell wollte alles von ihr hören.»

«Das soll doch wohl nicht heißen, daß du mit ihm über sie gesprochen hast?» sagte Hughie.

«Doch, natürlich. Er weiß genau Bescheid über den eigensinnigen Oberst, die hübsche Laura und die zehntausend Pfund.»

«Du hast dem alten Bettler all meine Privatangelegenheiten erzählt?» rief Hughie, der einen roten Kopf bekommen hatte und sehr ärgerlich aussah.

«Mein lieber Junge», lächelte Trevor, «der alte Bettler, wie du ihn bezeichnest, ist einer der reichsten Männer von Europa. Er könnte morgen ganz London kaufen, ohne sein Konto zu überziehen. Er besitzt in jeder Hauptstadt ein Haus, speist von goldenen Tellern und kann, wenn er will, Rußland daran verhindern, Krieg zu führen.»

«Was um alles in der Welt meinst du eigentlich?»

«Was ich sage», antwortete Trevor. «Der alte Mann, den du heute bei mir im Atelier gesehen hast, ist Baron Hausberg. Er ist ein guter Freund von mir, kauft alle meine Bilder und dergleichen und gab mir vor einem Monat den Auftrag, ihn als Bettler zu malen. *Que voulez-vous? La fantaisie d'un millionaire!* Und ich muß sagen, er machte eine glänzende Figur in seinen Lumpen, oder vielmehr in meinen Lumpen – ich habe das Zeug einmal in Spanien erstanden.»

«Baron Hausberg!» rief Hughie. «Großer Gott! Und ich hab' ihm einen Sovereign geschenkt!» Und er sank, ein Bild der Bestürzung, in einen Sessel.

«Du hast ihm einen Sovereign geschenkt!» schrie Trevor und brach in brüllendes Gelächter aus. «Mein lieber Junge, du wirst dein Geld nie wiedersehen. *Son affaire c'est l'argent des autres.*»

«Ich finde, du hättest mir Bescheid sagen sollen, Alan», schmollte Hughie, «statt zuzulassen, daß ich mich so zum Narren mache.»

«Na, um damit anzufangen, Hughie», versetzte Trevor, «mir wäre es nie in den Sinn gekommen, daß du herumgehst und so unbekümmert Almosen austeilst. Ich kann es verstehen, wenn du einem hübschen Modell einen Kuß gibst, aber einem häßlichen einen Sovereign zu schenken – bei Gott, nein! Außerdem verhält es sich so, daß ich heute für keinen Menschen zu Hause war; und als du hereinkamst, wußte ich nicht, ob es Hausberg recht gewesen wäre, wenn ich euch bekannt gemacht hätte. Du weißt, er war nicht im Gesellschaftsanzug.»

«Für was für einen Trottel muß er mich halten!» sagte Hughie.

«Ganz und gar nicht. Er war nach deinem Fortgang in der besten Laune, kicherte vor sich hin und rieb sich die alten runzligen Hände. Ich begriff nicht, warum er so erpicht darauf war, alles über dich zu erfahren; aber jetzt verstehe ich's. Er wird den Sovereign für dich anlegen, Hughie, dir jedes Halbjahr die Zinsen auszahlen und bei Tischgesellschaften eine herrliche Anekdote zu erzählen haben.»

«Ich bin ein unglücklicher Teufel», brummte Hughie. «Am besten gehe ich zu Bett. Und ich bitte dich, Alan, erzähle niemand etwas davon. Ich könnte mich sonst nicht mehr auf der Straße sehen lassen.»

«Unsinn! Die Sache wirft ein glänzendes Licht auf deine Menschenfreundlichkeit, Hughie. Und lauf nicht schon fort. Rauch noch eine Zigarette; dabei kannst du von Laura sprechen, soviel du willst.»

Hughie aber wollte nicht bleiben, sondern ging, sich sehr unglücklich fühlend, heim, während Trevor zurückblieb und immer wieder einen Lachkrampf erlitt.

Als Hughie am nächsten Morgen beim Frühstück saß, brachte ihm der Diener eine Karte, auf der stand: *«Monsieur Gustave Naudin, de la part de M. le Baron Hausberg.»*

«Wahrscheinlich kommt er, um meine Entschuldigung entgegenzunehmen», sagte Hughie zu sich selbst und befahl dem Diener, den Besucher heraufzuführen.

Ein alter Herr mit Goldbrille und grauem Haar trat ein und sagte mit leicht französischem Tonfall: «Habe ich die Ehre, mit Monsieur Erskine zu sprechen?»

Hughie verbeugte sich.

«Ich komme von Baron Hausberg», fuhr er fort. «Der Baron . . .»

«Ich ersuche Sie, mein Herr, ihm meine aufrichtigste Bitte um Entschuldigung zu übermitteln», stammelte Hughie.

«Der Baron», sagte der alte Herr mit einem Lächeln, «hat mich beauftragt, Ihnen diesen Brief zu überbringen.» Und er reichte Hughie einen versiegelten Umschlag.

Darauf stand geschrieben: «Ein Hochzeitsgeschenk für Hugh Erskine und Laura Merton von einem alten Bettler», und darin lag ein Scheck auf zehntausend Pfund.

Bei der Trauung war Alan Trevor Brautführer, und der Baron hielt beim Hochzeitsmahl eine Rede.

«Millionärmodelle sind recht selten», bemerkte Alan; «aber wahrhaftig, Modellmillionäre sind noch seltener!»

JEROME K. JEROME

*Onkel Podger klopft einen Nagel
in die Wand*

In meinem ganzen Leben habe ich kein ähnliches Durcheinander in einem friedlichen Hause gesehen, wie es meinem Onkel gelang, wenn er irgendeine Kleinigkeit zu tun unternahm. Wenn zum Beispiel ein Porträt vom Einrahmen zurückgekommen war und im Speisezimmer an der Wand lehnte, um aufgehängt zu werden, und meine Tante Podger fragte, was nun damit geschehen solle, so pflegte Onkel Podger zu sagen: «Oh, überlaßt das nur mir, kümmert euch nicht darum: das werde ich alles schon machen.»

Dann zieht er den Rock aus und beginnt. Er schickt das Hausmädchen fort, um für einen halben Shilling Nägel zu holen, und dann schickt er ihr einen der Jungen nach, um ihr noch sagen zu lassen, von welcher Größe die Nägel sein müssen.

In dieser Weise setzt er nach und nach das ganze Haus in Bewegung.

«So, jetzt gehst du und holst mir einmal einen Hammer, Willy», kommandiert er, «und du, Thomas, bringst mir einen Maßstab oder Lineal, dann brauche ich auch die Leiter, und ein Küchenstuhl dazu würde auch nicht schaden. Und du, Jakob, du gehst geschwind zu Herrn Goggels und sagst ihm: Pa läßt sich ihm empfehlen und hofft, es gehe mit seinem Fuß besser, und ob er ihm nicht eine Wasserwaage leihen könne.»

«Und du, Marie, lauf doch nicht weg! Du mußt mir ja das Licht halten, und wenn das Mädchen zurückkommt, muß sie noch einmal fort, um eine Bilderschnur zu kaufen, und du, Thomas – wo ist denn Thomas? Tom, du kommst her und reichst mir das Porträt herauf.»

Dann nimmt er das Porträt und läßt es richtig fallen; darüber geht der Rahmen auseinander, und da er das Glas retten will, schneidet er sich in den Finger; dann rennt er im Zimmer herum und sucht sein Taschentuch. Aber er kann es nirgends finden, weil er es in seiner Rocktasche hat und nicht mehr weiß, wo er den Rock hingehängt hat; und das ganze Haus muß nun alles liegen- und stehenlassen und anstatt nach seinen Werkzeugen nach seinem Taschentuch auf die Suche gehen, während er überall herumrennt und jedermann hindert.

«Weiß denn niemand im Haus, wo mein Rock ist? In meinem ganzen Leben habe ich keinen solchen Haufen Leute beieinander gesehen wie euch. Auf mein Wort, so was wie ihr ist mir noch nie vorgekommen. Sechs seid ihr und könnt alle miteinander meinen Rock nicht finden, den ich vor fünf Minuten erst ausgezogen habe? Weiß Gott! Euch alle sollte man –» Dann wieder fährt er in die Höhe und bemerkt bei der Gelegenheit, daß er darauf gesessen hat.

«Ihr Dummköpfe», schreit er, «laßt doch euer Suchen! Ich habe ihn längst selber gefunden! Könnte ebensogut der Katze sagen, meinen Rock zu suchen, als solch ein Volk zu bitten!»

Nach einer halben Stunde ist dann sein Finger verbunden, ein neues Glas ist über dem Bild angebracht, und das Handwerkszeug und die Bockleiter und der Küchenstuhl und das Licht, kurz, alles ist herbeigeschafft, und die ganze Familie, das Hausmädchen und die Aufwärterin mit eingeschlossen, stehen im Kreise herum, um ihm zu helfen. Zwei von ihnen müssen den Stuhl halten, ein dritter muß ihm hinaufhelfen und ihn halten, ein vierter ihm den Nagel reichen, ein fünfter den Hammer, dann nimmt er den Nagel, läßt ihn aber fallen.

«So! Da habt ihr's!» ruft er nun aufs höchste beleidigt aus, «nun ist der Nagel zum Teufel!»

Dann lassen sich alle auf die Knie nieder und rutschen auf dem Boden herum, um den Nagel wiederzufinden; währenddessen steht er steif auf dem Stuhl und brummt und schimpft und fragt, ob er denn den ganzen Abend da auf dem Stuhl stehen und warten solle? Zuletzt wird der Nagel gefunden, aber inzwischen hat er den Hammer verloren. «Wo ist der Hammer? Wo habe ich den Hammer hingelegt? Gott im Himmel! Sieben von euch stehen da, reißen Augen und Mäuler auf, und keiner weiß, wo ich den Hammer hingelegt habe?»

Nun wird der Hammer gefunden; inzwischen hat er das Zeichen für den Punkt, wo der Nagel eingeschlagen werden soll, aus den Augen verloren, und einer um den anderen von uns muß auf den Stuhl steigen und sehen, ob er ihn nicht finden kann; und dann pflegt er uns alle als hirnverbrannt zu bezeichnen, wenn jeder von uns das Zeichen an einer anderen Stelle findet, und schickt uns alle nacheinander wieder hinunter, und dann nimmt er den Maßstab noch einmal und findet, daß er von der Ecke aus $31^3/_8$

Zoll abmessen sollte – und das nun im Kopf berechnen – und kriegt es nicht fertig und wird immer konfuser, je länger er rechnet.

Und dann wollten auch wir es im Kopf ausrechnen, und jeder brachte eine andere Lösung heraus, und wir verhöhnten uns gegenseitig. Und in der allgemeinen Aufregung wurde die ursprüngliche Zahl vergessen, und Onkel Podger mußte von vorn anfangen.

Diesmal nun nahm er eine Schnur, aber in dem kritischen Moment, da er sich in einem Winkel von fünfundvierzig Grad über den Stuhl hinausbeugte und einem Punkt zustrebte, der drei Zoll außerhalb seiner Reichweite lag, entschlüpfte dem alten Herrn die Schnur, und er polterte auf das Klavier hinab, das uns bei diesem Anlaß einen höchst effektvollen Ohrenschmaus zum besten gab, da Onkel Podgers Kopf und Rumpf sämtliche Tasten angeschlagen hatten.

Aber das Donnerwetter, das jetzt losbrach! – Tante Marie erklärte, sie wolle den Kindern nicht länger erlauben, dabeizustehen und eine solche Sprache mit anzuhören.

Zuletzt fand Onkel Podger doch den Punkt wieder und hielt den Daumen der linken Hand darauf, während er nun mit der rechten Hand den Hammer ergriff; mit dem ersten Streich traf er dann auch richtig seinen Daumen und warf den Hammer mit einem Wehgeschrei jemanden auf die Füße.

Tante Marie bemerkte milde, das nächste Mal, wenn Onkel Podger wieder einen Nagel einschlagen wolle, werde er es ihr hoffentlich zuvor sagen, damit sie auf eine Woche zu ihrer Mutter ziehen könne. «Oh, ihr Weiber!» pflegte dann mein Onkel, indem er sich stolz aufrichtete, auszurufen. «Ihr macht immer gleich solche Geschichten! Aber ich – nun, ich habe auch meine Freude an solch einem kleinen Spaß!»

Hierauf versuchte er es noch einmal, und beim zweiten Schlag ging der Nagel flott durch die Wand und der Hammer auch noch zur Hälfte, und Onkel Podger flog mit dem Kopf so heftig dagegen, daß seine Nase plattgedrückt wurde.

Dann mußten wir den Maßstab und die Schnur wiederfinden, und es wurde ein neues Loch gemacht; und so gegen Mitternacht hing dann das Porträt, sehr schief zwar und unsicher, und die Wand sah auf mehrere Meter Breite aus, als sei sie mit einem eisernen Rechen gekämmt worden, und jedermann war zum Umsinken matt und elend – ausgenommen Onkel Podger.

«So!» rief er aus, «fertig ist's!» und warf dabei sich in die Brust und der Aufwärterin den Stuhl auf die Hühneraugen. «Manche Leute hätten sich zu einem solchen Geschäft einen Tapezierer kommen lassen! Was?»

Ein Mann hastet abends in Wien über den Kärntner Ring. Verzweifelt sucht er einen Passanten, dem er eine Frage stellen kann. Endlich sieht er einen gutgekleideten Herrn, geht auf ihn zu und spricht ihn an: «Verzeihen Sie bitte, aber können Sie mir sagen, wie ich zu den Philharmonikern komme?»

Der andere mustert ihn von Kopf bis Fuß. Dann sagt er: «Sie müssen üben. Viel üben!»

Der Versteigerer unterbricht die lebhafte Gemäldeauktion, um eine Mitteilung zu machen:

«Ein Herr im Saal hat seine Geldbörse mit zwanzigtausend Mark in bar verloren. Der Finder erhält eine Belohnung von tausend Mark, wenn er sie sofort zurückgibt!»

Da hört man eine Stimme von hinten: «Tausendfünfhundert!»

Ein Tourist ist im Urlaub in Rom gelandet und fragt einen Mann vor der Peterskirche: «Können Sie mir vielleicht sagen, wo die Laokoongruppe ist?»

«Tut mir leid», sagt der andere darauf, «aber ich gehöre zu Neckermann.»

Die dreihundert Passagiere sind in Wien an Bord gegangen, haben sich angeschnallt, und ab geht's, Richtung Paris. Hoch über den Wolken meldet sich plötzlich eine Stimme aus dem Lautsprecher: «Meine Damen und Herren. Sie nehmen an einem historischen Flug teil, denn Sie befinden sich an Bord der ersten Verkehrsmaschine der Welt, die vollautomatisch geflogen wird. An Bord befinden sich weder Pilot noch Navigator. Die Automatik wird Sie sicher in einer Höhe von zwanzigtausend Metern von Wien nach Paris fliegen. Alle Geräte wurden vielfach getestet, und so kann Ihnen die Fluggesellschaft garantieren, daß nichts passieren ... passieren ... passieren ... passieren ...»

Einigen Juden ist es gelungen, Mitglieder in einem fast ausschließlich von Iren besuchten Club zu werden. Den Iren sind die Juden nicht willkommen. Sie sinnen auf Abhilfe und bringen zu diesem Zweck den Antrag ein, beim nächsten Bankett nur Schweinefleisch reichen zu lassen.

Der Sprecher der jüdischen Mitglieder erhebt sich daraufhin und sagt: «Ich bringe den Zusatzantrag ein, das Bankett an einem Freitag stattfinden zu lassen.»

Das Testament ist unterschrieben und gesiegelt. Der alte Mann unterm Sauerstoffzelt teilt seinem Sohn mit, daß er ihm sein ganzes Vermögen – Immobilien, Bargeld, Pfandbriefe, Aktien – vermacht hat.

«Vater, o Vater, wie kann ich dir nur danken!» sagt sein Sohn mit Tränen in den Augen. «Das verdiene ich ja gar nicht! Danke! Und kann ich nicht auch noch etwas für dich tun? Gibt es nichts, was ich für dich tun könnte? Gar nichts?»

«Doch, Hermann», wispert der Vater mit schwacher Stimme. «Du könntest deinen Fuß vom Sauerstoffschlauch nehmen.»

«Ich vergesse immer alles», bekennt der Patient verzagt dem Psychiater. «Was soll ich nur tun?»

«Als erstes einmal mein Honorar im voraus bezahlen.»

Das Finanzamt bemüht sich um Steuervereinfachung und hat eine neue, kurzgefaßte Steuererklärung ausgearbeitet:

 (A) Wieviel haben Sie im letzten Jahr verdient?

 (B) Wieviel ist übrig?

 (C) Überweisen Sie B.

«Ist was?» fragt der Barmixer den gutgekleideten jungen Mann, der mürrisch an seinem Drink nippt.

«Vor zwei Monaten ist mein Großvater gestorben und hat mir fünfundachtzigtausend Mark hinterlassen», sagt der Gast.

Der Barmixer stellt das Glas hin, das er gerade abtrocknet und meint verträumt: «Das sollte mir einmal passieren!»

«Ja, ja», fährt der junge Mann fort. «Und im letzten Monat ist ein Onkel von mir gestorben, ein Bruder meiner Mutter. Er hat mir hundertfünfzigtausend hinterlassen!»

«Aber warum machen Sie dann ein so unfrohes Gesicht?»

«Und diesen Monat», erwidert der Mann, «bis jetzt noch keinen Pfennig...!»

AGATHA CHRISTIE

Das Wespennest

John Harrison kam aus dem Haus, blieb einen Augenblick auf der Terrasse stehen und blickte hinaus auf den Garten. Er war ein großer Mann mit einem hageren, leichenblassen Gesicht. Es wirkte gewöhnlich irgendwie grimmig. Wenn aber, wie jetzt, ein Lächeln seinen mürrischen Ausdruck milderte, hatte er etwas sehr Attraktives an sich.

John Harrison liebte seinen Garten, und der hatte nie schöner ausgesehen als an diesem Augustabend.

Ein wohlbekannter, quietschender Ton veranlaßte Harrison, seinen Kopf abrupt zu wenden. Wer kam denn da durch das Gartentor? Im nächsten Augenblick huschte ein Ausdruck höchsten Erstaunens über sein Gesicht. Diese stutzerhafte Gestalt, die den Weg heraufkam, war die letzte, die er in diesem Teil der Welt erwartet hatte.

«Das ist ja wundervoll!» rief Harrison. «Monsieur Poirot!»

Es war tatsächlich der berühmte Hercule Poirot, dessen Ruf als Detektiv sich in der ganzen Welt ausgebreitet hatte.

«Ja», sagte er, «ich bin's. Sie sagten einmal zu mir: ‹Wenn Sie je in diese Gegend kommen, besuchen Sie mich.› Ich habe Sie beim Wort genommen, und hier bin ich.»

«Und ich bin hoch erfreut», entgegnete Harrison herzlich. «Setzen Sie sich. Darf ich Ihnen etwas zu trinken anbieten?»

«Ich danke Ihnen», sagte Poirot und sank in einen Korbstuhl.

«Was führt Sie in diesen stillen Ort?» fragte Harrison, als er sich ebenfalls niedersetzte. «Vergnügen?»

«Nein, *mon ami*, Geschäfte.»

«Geschäfte? In diesem abgelegenen Flecken?» Poirot nickte feierlich.

«Aber ja, mein Freund. Verbrechen werden überall verübt, nicht wahr?»

Harrison lachte und meinte:

«Ich glaube, das war eine ziemlich dumme Bemerkung von mir. Aber was für ein Verbrechen untersuchen Sie hier? Oder sollte ich danach lieber nicht fragen?»

«Sie dürfen fragen», erwiderte Poirot. «Ich freue mich sogar, daß Sie sich dafür interessieren.»

Harrison betrachtete ihn neugierig. Er bemerkte etwas Ungewöhnliches im Benehmen des anderen.

«Sie untersuchen also ein Verbrechen, sagen

Sie. Einen ernsten Fall?» fügte er zögernd hinzu.

«So ernst, wie es ihn nur gibt.»

«Sie meinen . . .»

«Mord.»

Hercule Poirot sprach dieses Wort so ernsthaft aus, daß Harrison zurückfuhr. Der Detektiv blickte ihn an, und wieder lag etwas Sonderbares in seinem Gesicht, daß Harrison kaum wußte, wie er weiterreden sollte. Schließlich meinte er: «Aber ich habe von keinem Mord gehört. Wer ist ermordet worden?»

«Bisher», sagte Poirot bedeutungsvoll, «noch niemand.»

«Wie bitte?»

«Ich untersuche ein Verbrechen, das noch nicht verübt wurde.»

Harrison starrte ihn an.

«Sie scherzen, Monsieur Poirot.»

«Aber nein, ich meine es ernst.»

«Sie glauben tatsächlich, daß ein Mord verübt werden wird? Aber das ist ja absurd!»

Hercule Poirot beendete den ersten Teil des Satzes, ohne von dem Ausruf Notiz zu nehmen. «Es sei denn, wir können ihn verhindern. Ja, *mon ami.*»

«Wir?»

«Ich sagte wir, denn ich werde Ihre Unterstützung brauchen.»

«Und deshalb sind Sie hierher gekommen?»

«Ich bin hergekommen, Monsieur Harrison, weil ich – nun, weil ich Sie mag.» Und mit völlig veränderter Stimme fügte er hinzu: «Ich sehe, Sie haben dort ein Wespennest. Das sollten Sie vernichten, Monsieur Harrison.»

Erstaunt über diesen plötzlichen Wechsel des Gesprächsthemas, zog Harrison die Stirn in Falten. Er folgte Poirots Blick und meinte etwas verwirrt:

«Tatsächlich, das habe ich auch vor, oder vielmehr, der junge Langton wird es tun. Erinnern Sie sich an Claude Langton? Er war bei der gleichen Abendgesellschaft, wo auch ich Ihre Bekanntschaft machte. Er kommt heute abend herüber, um das Nest auszuheben. Diese Arbeit macht ihm Spaß.»

«Aha», meinte Poirot. «Und wie wird er es machen?»

«Mit Petroleum und der Gartenspritze.»

«Es gibt noch eine andere Möglichkeit, nicht wahr», fragte Poirot, «mit Zyankali?»

Harrison sah ihn überrascht an.

«Ja, aber das ist ein ziemlich gefährliches Zeug. Immer ein bißchen riskant, es im Hause zu haben.»

«Ja. Es ist ein tödliches Gift.» Poirot wartete einen Augenblick, dann wiederholte er feierlich: «Tödlich. Sie sind ganz sicher, daß es Petroleum ist, mit dem Monsieur Langton Ihr Wespennest ausräuchern will?»

«Ganz sicher. Warum?»

«Ich habe mich im stillen gewundert. Heute nachmittag war ich in der Apotheke in Barchester. Für eine meiner Besorgungen mußte ich im Giftbuch unterschreiben. Dabei sah ich die letzte Eintragung. Sie war für Zyankali, und sie war von Claude Langton unterzeichnet.»

«Das ist komisch», sagte Harrison langsam. «Langton erzählte mir neulich, daß er nicht im Traum daran denke, dieses Zeug zu benutzen. Im Gegenteil, er sagte sogar, es dürfte zu diesem Zweck überhaupt nicht verkauft werden.»

Poirot schaute zu den Rosen hinüber. Seine Stimme klang sehr leise, als er fragte:

«Mögen Sie Langton?»

Harrison stutzte. Auf diese Frage war er offensichtlich nicht vorbereitet.

«Ich – ich, nun, ich meine, natürlich mag ich ihn. Weshalb sollte ich ihn nicht mögen?»

«Ich habe es mir nur so überlegt», bemerkte Poirot gelassen, «ob Sie ihn wohl sympathisch finden.» Und als der andere nicht antwortete, fuhr er fort: «Ich frage mich auch, ob er Sie leiden kann.»

«Worauf wollen Sie hinaus, Monsieur Poirot?»

«Ich werde ganz offen sein. Sie sind verlobt

und wollen heiraten, Monsieur Harrison. Ich kenne Miss Molly Deane. Sie ist ein sehr charmantes und schönes Mädchen. Bevor sie mit Ihnen verlobt war, war sie Claude Langtons Braut. Aber sie entschied sich für Sie.»

Harrison nickte.

«Ich möchte nicht wissen, welche Gründe sie dafür gehabt hat. Sie mögen gerechtfertigt sein. Aber ich sage Ihnen eines: Langton hat es nicht vergessen oder vergeben.»

«Sie irren sich, Monsieur Poirot. Er hat die Dinge wie ein Mann aufgenommen. Er war erstaunlich anständig zu mir und hat sich besonders bemüht, freundlich zu mir zu sein.»

«Und das finden Sie nicht ungewöhnlich? Sie benutzen das Wort erstaunlich, aber Sie scheinen nicht erstaunt zu sein?»

«Was meinen Sie, Monsieur Poirot?»

«Ich meine», entgegnete Poirot, «daß ein Mann seinen Haß verbergen kann, bis die richtige Zeit gekommen ist.»

«Haß?» Harrison schüttelte den Kopf und lachte.

«Die Engländer sind sehr einfältig», schimpfte Poirot. «Sie glauben, sie könnten jedermann hintergehen, aber niemand käme auf die Idee, sich dafür revanchieren zu wollen.»

Und bedeutungsvoll setzte er hinzu: «Und weil sie mutig, aber dumm sind, müssen sie manchmal sterben, obwohl kein Grund dazu vorhanden ist.»

«Sie warnen mich», sagte Harrison mit leiser Stimme. «Ich verstehe jetzt, was mir die ganze Zeit unklar war. Sie wollen mich vor Claude Langton warnen. Und zu diesem Zweck sind Sie hergekommen.»

Poirot nickte.

Plötzlich sprang Harrison auf.

«Aber Sie sind ja verrückt! Wir leben in England. Solche Sachen passieren hier nicht.»

Der kleine Detektiv sprang nun auch auf die Füße. Er trat zu seinem Freund hin und legte ihm die Hand auf die Schulter. So beunruhigt schien er zu sein, daß er den großen Mann fast schüttelte.

«Wachen Sie auf, mein Freund! Wachen Sie auf. Und sehen Sie, sehen Sie dahin, wo ich hindeute. Dort auf die Bank, dicht bei dem Baumstumpf. Die Wespen kommen nach Hause. Ermüdet, am Ende des Tages. In einer Stunde werden sie sterben. Und sie wissen es noch nicht. Niemand kann es ihnen sagen. Sie scheinen keinen Hercule Poirot zu haben. Ich sage Ihnen, Monsieur Harrison, ich kam geschäftlich her. Mord ist mein Geschäft. Und es ist genausogut mein Geschäft, bevor es passiert ist, wie hinterher. Um welche Zeit kommt Langton, um das Wespennest auszuheben?»

«Um neun Uhr. Aber ich sage Ihnen, Sie irren sich gewaltig. Langton würde nie –»

«Ihr Engländer,» rief Poirot leidenschaftlich. Er nahm seinen Hut und Stock und ging den Weg hinunter. Einen Augenblick blieb er stehen und sagte über seine Schulter hinweg: «Ich bleibe nicht, um mit Ihnen zu streiten. Ich würde mich nur aufregen. Aber Sie verstehen – ich komme um neun Uhr zurück.»

Er wartete keine Antwort ab, sondern schritt eilig den Weg hinunter und schlug die quietschende Tür hinter sich zu. Draußen auf der Straße verlangsamte er seinen Schritt. Mit seinem betont munteren Wesen war es mit einem Schlag vorbei. Sein Gesicht wurde ernst und besorgt. Er nahm seine Uhr aus der Tasche und sah nach, wie spät es war. Die Zeiger deuteten auf zehn Minuten nach acht.

«Mehr als dreiviertel Stunden», murmelte er, «ich weiß nicht, ob ich nicht doch hätte warten sollen!»

Seine Schritte wurden noch langsamer. Um ein Haar wäre er wieder umgekehrt. Eine vage Vorahnung hatte ihn befallen. Resolut schob er sie jedoch beiseite und setzte seinen Weg ins Dorf fort.

Es war ein paar Minuten vor neun, als er sich dem Gartentor wieder näherte.

Poirot beschleunigte seine Schritte. Er war

plötzlich von einer Nervosität gepackt, die er nicht zu deuten vermochte.

In diesem Augenblick öffnete sich die Gartentür, und Claude Langton trat mit raschem Schritt auf die Straße. Als er Poirot sah, blieb er stehen.

«Oh – äh – guten Abend!»

«Guten Abend, Monsieur Langton. Sie sind aber zeitig hier!»

Langton starrte ihn an.

«Ich weiß nicht, was Sie meinen.»

«Haben Sie das Wespennest ausgehoben?»

«Nein.»

«So», meinte Poirot sanft, «Sie haben das Wespennest nicht ausgeräuchert. Was haben Sie dann getan?»

«Ach, nur ein bißchen mit Harrison geschwatzt. Aber ich muß mich jetzt wirklich beeilen. Ich hatte keine Ahnung, daß Sie es hier so lange aushalten würden.»

«Ich bin beruflich hier, wissen Sie.»

«Aha. Also, Sie werden Harrison auf der Terrasse vorfinden. Es tut mir leid, daß ich nicht bleiben kann.»

Er eilte fort. Poirot blickte ihm nach. Ein nervöser junger Mann. Gut aussehend, aber ein bißchen verweichlicht.

«Ich werde also Harrison auf der Terrasse finden», murmelte Poirot. «Ich bin gespannt.»

Er ging durch die Gartentür und marschierte den Weg hinauf. Harrison saß bewegungslos am Tisch und wandte nicht einmal den Kopf, als Poirot auf ihn zukam.

«Hallo, *mon ami*», rief Poirot. «Geht es Ihnen gut, ja?»

Es entstand eine lange Pause, dann sagte Harrison mit belegter Stimme:

«Gut, ja. Es geht mir gut. Warum denn nicht?»

«Sie fühlen sich also nicht krank. Das ist schön.»

«Krank? Warum?»

«Vom Waschsoda.»

Harrison stand auf. «Waschsoda? Wovon reden Sie?»

Poirot machte eine entschuldigende Geste und sagte:

«Ich bedaure die Notwendigkeit unendlich, aber ich schüttete etwas in Ihre Tasche.»

«Sie schütteten Waschsoda in meine Tasche? Wozu, um Himmels willen?» Harrison starrte ihn verständnislos an.

Poirot sprach leise und unpersönlich wie ein Märchenerzähler, der sich dem Niveau eines kleinen Kindes anpaßt.

«Sehen Sie, einer der Vor- oder Nachteile, ein Detektiv zu sein, ist, daß man mit kriminellen Elementen in Kontakt kommt. Sie können einen eine Reihe ziemlich interessanter und eigenartiger Dinge lehren. Da war einmal ein Taschendieb. Ich war an ihm interessiert, weil man ihm etwas vorwarf, das er nicht getan hatte. Ich erreichte, daß man ihn freiließ. Und weil er dankbar war, belohnte er mich auf seine Art. Er zeigte mir ein paar Tricks seines Gewerbes. Und so kommt es, daß ich jemandem in die Tasche greifen kann, ohne daß derjenige auch nur den kleinsten Verdacht schöpft. Ich lege eine Hand auf seine Schulter und lenke ihn ab. So gelingt es mir, das, was in seiner Tasche ist, in meine zu transferieren und statt dessen Waschsoda hineinzustopfen.

Sehen Sie», fuhr Poirot träumerisch fort, «wenn ein Mann rasch an das Gift heran will, um es in ein Glas zu schütten, ohne beobachtet zu werden, muß er es unbedingt in seiner rechten Rocktasche haben. Es gibt keinen anderen Platz. Ich wußte, es würde dort sein.»

Er schob seine Hand in die Tasche und brachte ein paar weiße Kristalle hervor. «Außerordentlich gefährlich», murmelte er, «es so herumzutragen wie ich.»

Langsam und behutsam zog er aus der anderen Tasche eine Flasche mit weiter Öffnung. Er warf die Kristalle hinein, ging zum Tisch und füllte sie mit einfachem Wasser. Nachdem er sie sorgfältig verkorkt hatte, schüttelte er sie, bis sich alle Kristalle aufgelöst hatten. Harrison beobachtete ihn fasziniert.

Mit seiner Lösung zufrieden, ging Poirot auf das Wespennest zu. Er entkorkte die Flasche, wandte den Kopf ab und goß die Lösung mitten hinein. Dann trat er ein paar Schritte zurück.

Einige Wespen, die von ihrem Flug zurückkamen und sich niederließen, zitterten ein wenig, dann lagen sie still. Andere krochen aus dem Nest heraus – nur um zu sterben. Poirot beobachtete das ein paar Minuten, nickte mit dem Kopf und ging wieder zur Veranda zurück.

«Ein schneller Tod», sagte er, «ein sehr schneller Tod.»

Harrison fand seine Sprache wieder. «Wieviel wissen Sie?» fragte er.

Poirot sah ihn nicht an.

«Wie ich Ihnen schon erzählte, sah ich Claude Langtons Namen in dem Giftbuch. Was ich Ihnen nicht sagte, war, daß ich ihn fast sofort danach zufällig traf. Er erzählte mir, daß er in Ihrem Auftrag Zyankali gekauft habe, um das Wespennest auszuräuchern. Das kam mir etwas seltsam vor, mein Freund, denn ich erinnerte mich, daß Sie die Beschaffung von Zyankali als gefährlich und überflüssig bezeichneten.»

«Fahren Sie fort.»

«Ich wußte noch etwas. Ich sah Claude Langton mit Molly Deane zusammen, als sie sich unbeobachtet glaubten. Ich weiß nicht, was die beiden damals auseinandergebracht hat und Molly in Ihre Arme trieb, aber ich erkannte, daß die Mißverständnisse vorbei waren und daß Miss Deane zu ihrer alten Liebe zurückgefunden hatte.»

«Weiter!»

«Noch etwas wußte ich, *mon ami*. Ich war neulich in der Harley Street und sah Sie aus dem Hause eines ganz bestimmten Arztes kommen. Und ich sah den Ausdruck in Ihrem Gesicht. Ich habe ihn nur ein- oder zweimal in meinem Leben gesehen. Er ist unschwer zu deuten. Es war das Gesicht eines zum Tode verurteilten Mannes. Habe ich recht?»

«Sehr recht. Er gab mir noch zwei Monate.»

«Sie bemerkten mich nicht, mein Freund, denn Sie hatten anderes im Kopf. Ich konnte noch etwas erkennen. Ich sah Haß in Ihnen, mein Freund. Sie machten sich nicht die Mühe, ihn zu verbergen, denn Sie fühlten sich unbeobachtet.»

«Und», fragte Harrison, «was sonst noch?»

«Es gibt nicht mehr viel zu sagen. Ich kam hierher, sah Langtons Namen zufällig im Giftbuch, wie ich Ihnen sagte, traf ihn und kam dann zu Ihnen. Ich stellte Ihnen Fallen. Sie bestritten, Langton beauftragt zu haben, Zyankali zu besorgen, oder besser gesagt, Sie spielten den Überraschten. Sie waren im Zweifel, als Sie mich sahen. Aber dann erkannten Sie, wie gut alles zusammenpassen würde, und Sie unterstützten meinen Verdacht noch. Ich erfuhr von Langton selbst, daß er um halb neun kommen wollte. Sie sagten, neun Uhr, und dachten, bis ich käme, würde alles bereits vorbei sein. Und da wußte ich alles.»

«Weshalb kamen Sie?» stöhnte Harrison. «Wenn Sie nur nicht gekommen wären!»

Poirot stand auf.

«Wie ich schon andeutete», sagte er, «Mord ist mein Geschäft.»

«Mord? Sie meinen Selbstmord.»

«Nein.» Poirots Stimme klang scharf und klar. «Ich meine Mord. Ihr Tod sollte schnell und leicht sein, aber der Tod, den Sie für Langton geplant hatten, war der schlimmste Tod, den ein Mann sterben kann. Er kauft das Gift, er kommt zu Ihnen, und er ist allein mit Ihnen. Sie sterben ganz plötzlich, und das Zyankali wird in Ihrem Glas gefunden. Claude Langton muß hängen. Das war Ihr Plan.»

Wieder stöhnte Harrison auf.

«Weshalb sind Sie gekommen? Wenn Sie nur nicht gekommen wären!»

«Das habe ich Ihnen schon gesagt. Aber ich kam noch aus einem anderen Grund. Ich schätze Sie. Hören Sie zu, *mon ami*. Sie sind ein tod-

kranker Mann. Sie haben das Mädchen, das Sie
lieben, verloren. Aber das *eine* sind Sie nicht:
Sie sind kein Mörder. Sagen Sie mir nun: Sind
Sie froh oder unglücklich darüber, daß ich
kam?»

Es entstand eine Pause. Dann erhob sich Harrison. Er trug den würdevollen Ausdruck eines
Mannes, der sein eigenes Ich besiegt hatte. Er
streckte die Hand über den Tisch und rief:

«Dem Himmel sei Dank, daß Sie kamen! O
Gott, ja, ich bin froh.»

WOLFGANG HILDESHEIMER

Eine größere Anschaffung

Eines Abends saß ich im Dorfwirtshaus vor (genauer gesagt, hinter) einem Glas Bier, als ein
Mann gewöhnlichen Aussehens sich neben mich
setzte und mich mit vertraulicher Stimme fragte,
ob ich eine Lokomotive kaufen wolle. Nun ist
es zwar ziemlich leicht, mir etwas zu verkaufen,
denn ich kann schlecht nein sagen, aber bei einer
größeren Anschaffung dieser Art schien mir doch
Vorsicht am Platze. Obgleich ich wenig von Lo-
komotiven verstehe, erkundigte ich mich nach

Typ und Bauart, um bei dem Mann den Anschein zu erwecken, als habe er es hier mit einem Experten zu tun, der nicht gewillt sei, die Katz im Sack zu kaufen, wie man so schön sagt. Er gab bereitwillig Auskunft und zeigte mir Ansichten, die die Lokomotive von vorn und von den Seiten darstellten. Sie sah gut aus, und ich bestellte sie, nachdem wir uns vorher über den Preis geeinigt hatten, unter Rücksichtnahme auf die Tatsache, daß es sich um einen second-hand-Artikel handelte.

Schon in derselben Nacht wurde sie gebracht. Vielleicht hätte ich daraus entnehmen sollen, daß der Lieferung eine anrüchige Tat zugrunde lag, aber ich kam nun einmal nicht auf die Idee. Ins Haus konnte ich die Lokomotive nicht nehmen, es wäre zusammengebrochen, und so mußte sie in die Garage gebracht werden, ohnehin der angemessene Platz für Fahrzeuge. Natürlich ging sie nur halb hinein. Hoch genug war die Garage, denn ich hatte früher einmal meinen Fesselballon darin untergebracht, aber er war geplatzt. Für die Gartengeräte war immer noch Platz.

Bald darauf besuchte mich mein Vater. Er ist ein Mensch, der, jeglicher Spekulation und Gefühlsäußerung abhold, nur die nackten Tatsachen gelten läßt. Nichts erstaunt ihn, er weiß alles, bevor man es ihm erzählt, weiß es besser und kann alles erklären. Kurz, ein unausstehlicher Mensch. Nach der Begrüßung fing ich an: «Diese herrlichen Herbstdüfte . . .» –

«Welkendes Kartoffelkraut», sagte er. Fürs erste steckte ich es auf und schenkte mir von dem Kognak ein, den er mitgebracht hatte. Er schmeckte nach Seife, und ich gab dieser Empfindung Ausdruck. Er sagte, der Kognak habe, wie ich auf dem Etikett ersehen könne, auf den Weltausstellungen in Lüttich und Barcelona große Preise erhalten, sei daher gut. Nachdem wir schweigend mehrere Kognaks getrunken hatten, beschloß er, bei mir zu übernachten und ging den Wagen einstellen. Einige Minuten darauf kam er zurück und sagte mit leiser, leicht zitternder Stimme, daß in meiner Garage eine große Schnellzugslokomotive stünde. «Ich weiß», sagte ich ruhig, und nippte von meinem Kognak, «ich habe sie mir vor kurzem angeschafft.» Auf seine zaghafte Frage, ob ich öfters damit fahre, sagte ich, nein, nicht oft, nur neulich nachts hätte ich eine benachbarte Bäuerin, die ein freudiges Ereignis erwartete in die Stadt, ins Krankenhaus gefahren. Sie hätte noch in derselben Nacht Zwillingen das Leben geschenkt, aber das habe wohl mit der nächtlichen Lokomotivfahrt nichts zu tun. Übrigens war das alles erlogen, aber bei solchen Gelegenheiten kann ich oft diesen Versuchungen nicht widerstehen. Ob er es geglaubt hat, weiß ich nicht, er nahm es schweigend zur Kenntnis, und es war offensichtlich, daß er sich bei mir nicht mehr wohl fühlte. Er wurde ganz einsilbig, trank noch ein Glas Kognak und verabschiedete sich. Ich habe ihn nicht mehr gesehen.

Als kurz darauf die Meldung durch die Tageszeitungen ging, daß den französischen Staatsbahnen eine Lokomotive abhanden gekommen sei (sie sei eines Nachts vom Erdboden – genauer gesagt vom Rangierbahnhof – verschwunden gewesen), wurde mir natürlich klar, daß ich das Opfer einer unlauteren Transaktion geworden war. Deshalb begegnete ich auch dem Verkäufer, als ich ihn kurz darauf im Dorfgasthaus sah, mit zurückhaltender Kühle. Bei dieser Gelegenheit wollte er mir einen Kran verkaufen, aber ich wollte mich in ein Geschäft mit ihm nicht mehr einlassen, und außerdem, was soll ich mit einem Kran?

ALEXANDER PUSCHKIN

Kirdschali

Der Herkunft nach war Kirdschali Bulgare. Kirdschali heißt bei den Türken Held und Tollkopf. Seinen wirklichen Namen kenne ich nicht.

Ganz Moldauland war voller Schrecken vor dem Räuberhandwerk des Kirdschali. Ich will eine seiner Taten berichten, um einen Begriff von ihm zu geben. Der Arnaut Michailaki und er überfielen eines Nachts zu zweit eine bulgarische Siedlung. Sie steckten diese von beiden Seiten in Brand und eilten von Hütte zu Hütte. Kirdschali tötete und Michailaki sammelte die Beute. Beide schrien: «Kirdschali! Kirdschali!» Die ganze Siedlung machte sich davon.

Als Alexander Ypsilanti den Aufstand verkündet hatte und sich ein Heer zu werben begann, führte ihm Kirdschali einige seiner alten Genossen zu. Das wahrhafte Ziel der Hetärie, des Bündnisses der Griechen also, war ihnen wenig vertraut, dagegen stellte der Krieg eine gute Gelegenheit dar, sich zuungunsten der Türken und vielleicht sogar der Bewohner des Moldaulandes zu bereichern – und dies schien einleuchtend genug.

Alexander Ypsilanti war persönlich ein tapferer Mann, indes ihm fehlten die Eigenschaften, welche für die Durchführung der Rolle nötig waren, die er so hitzig und so unvorsichtig übernommen hatte. Er wußte sich nicht mit den Leuten zu stellen, die er befehligen sollte. Sie brachten ihm weder Achtung noch Vertrauen entgegen. Nach jener unglücklichen Schlacht, darin die Blüte der griechischen Jugend umkam, riet ihm Georgiakis Olympiotis, sich zu entfernen, und nahm selber seine Stelle ein. So sprengte denn Ypsilanti fort und erreichte die Grenzen Österreichs, von wo er seine Verdammnis über die Leute ergehen ließ, die er Ungehorsame, Feiglinge und Schurken nannte. Diese Feiglinge und Schurken kamen schließlich zum großen Teil in den Mauern des Klosters Seku oder am Ufer des Pruth bei der verzweifelten Gegenwehr gegen einen zehnfach stärkeren Feind um.

Kirdschali befand sich in der Truppe des Georgis Kantakuzenos, von dem man das gleiche wiederholen könnte, was über Ypsilanti berichtet wurde. Am Vorabend der Schlacht bei Skuleni erbat Kantakuzenos von der russischen Obrigkeit die Erlaubnis, in unsere Quarantäne überzutreten. Seine Truppe blieb ohne Führer; Kirdschali jedoch, Saffianos, Kantagoni und andere sahen keine absolute Notwendigkeit darin, einen Anführer zu haben.

Die Schlacht bei Skuleni ist, wie mir scheint, noch von niemand in ihrer ganzen rührenden Realität geschildert worden. Stellen Sie sich 700 Arnauten, Albanier, Griechen, Bulgaren und jedes nur denkbare Gesindel vor, das keinerlei Begriff von Kriegskunst besitzt und das angesichts der fünfzehntausend Mann türkischer Reiterei den Rückzug antritt. Diese Truppe lehnte sich an das Ufer des Pruth und fuhr vor ihrer Front zwei kleine Kanönchen auf, die man in Jassy auf dem Hof des Hospodaren gefunden und aus denen bisher nur während der Diners, die anläßlich von Namenstagen gegeben wurden, gefeuert worden war. Die Türken wären froh gewesen, mit Kartätschen zu antworten, allein sie wagten das nicht ohne Genehmigung der russischen Obrigkeit: die Kartätschen wären unbedingt auf unser Ufer hinübergeflogen. Der Kommandeur der Quarantäne (heute bereits verstorben), der vierzig Jahre hindurch Militärdienst verrichtet, hatte zeit seines Lebens kein Kugelpfeifen vernommen, nunmehr aber verhängte Gott über ihn, dies anhören zu müssen. Denn einiges davon summte an seinen Ohren vorbei. Der alte Herr ärgerte sich ganz schrecklich darüber und schimpfte den Major des Ochotskijschen Infanterieregiments, der die Quarantäne zu schützen hatte, deswegen aus. Da der Major nicht recht einsah, was hier zu tun, lief er zum Fluß, hinter welchem bereits die Delibaschen sich zu Pferde herumtummelten, und drohte ihnen mit dem Finger. Als die Delibaschen das sahen, drehten sie um und sprengten fort und hinter ihnen gleich die ganze türkische Avantgarde. Chortschewskij hieß der Major, der mit dem Finger gedroht hatte. Ich weiß nicht, was aus ihm geworden ist.

Tags darauf jedoch griffen die Türken trotzdem die Hetäristen an. Da sie es nicht wagen konnten, mit Kartätschen oder Kanonenkugeln zu kämpfen, entschieden sie sich, wider ihre sonstigen Gewohnheiten, mit der blanken Waffe vorzugehen. Es war ein grausames Gefecht. Eine Schlächterei mit Jataganen. Die Türken konnten feststellen, daß die anderen mit Lanzen kämpften, die man bisher bei ihnen noch nicht erblickt hatte; diese Lanzen waren russischer Herkunft: in den Reihen der Hetäristen kämpften Soldaten des Nekrassowschen Regiments. Unser Kaiser hatte die Genehmigung erteilt, daß die Hetäristen den Pruth überschreiten und in unserer Quarantäne Zuflucht nehmen durften. Sie schickten sich an, den Fluß zu überqueren. Kantagoni und Saffianos blieben als letzte auf dem türkischen Ufer zurück. Der bereits am Vortage verwundete Kirdschali lag in der Quarantäne. Saffianos wurde getötet. Kantagoni, ein sehr korpulenter Mann, wurde durch einen Speer verwundet, der ihm im Bauch stak. Mit dem einen Arm schwang er den Säbel, während seine andere Hand den feindlichen Speer packte, ihn noch tiefer in seinen Bauch zu stoßen, denn nur auf diese Weise war er imstande, mit seinem Säbel an seinen Mörder heranzukommen, mit dem zusammen er schließlich hinstürzte.

Damit war alles zu Ende. Die Türken waren Sieger. Das Moldauland war gesäubert. An die sechshundert Arnauten zerstreuten sich in Bessarabien; obgleich sie nicht wußten, wie sie sich Nahrung beschaffen sollten, waren sie Rußland dennoch für dessen Schutz dankbar. Sie führten ein müßiges Leben, das jedoch keineswegs wüst war. Lange Pfeifenrohre im Munde, dicken Kaffee aus kleinen Schalen schlürfend, konnte man sie überall in den Kaffeehäusern des halbtürkischen Bessarabiens wahrnehmen. Ihre gemusterten Jacken und die roten spitz zulaufenden Pantoffeln fingen zwar bereits an zu verschleißen, ihre pelzigen Käppchen aber saßen immer noch schief auf dem Ohr, während die Jatagane und die langen Pistolen hinter ihren breiten Gürteln vorragten. Niemand führte Klage über sie. Keinem wäre je der Gedanke gekommen, daß diese friedlichen Bettler vormals die bekanntesten Schrecken des Moldaulandes waren, die Genossen des grausamen Kirdschali, und daß er selber sich in ihrer Schar befinde.

Der Pascha, der in Jassy das Kommando führte, brachte dies in Erfahrung und verlangte auf Grund der Friedensverträge von der russischen Obrigkeit die Auslieferung des Räubers.

Die Polizei begann mit ihren Fahndungen. Man erfuhr, daß Kirdschali sich in der Tat in Kischinjow befinde. Er wurde im Hause eines entsprungenen Mönches erwischt, des Abends, als er mit sieben seiner Genossen grade zu Abend speiste.

Kirdschali wurde festgesetzt. Er dachte nicht daran, die Wahrheit zu verbergen, und gestand ein, daß er Kirdschali wäre. «Allein», fügte er hinzu, «seit ich den Pruth überschritten, habe ich kein Haar fremden Gutes gekrümmt und selbst den letzten Zigeuner ungekränkt gelassen. Natürlich bin ich für die Türken, für die Bewohner des Moldaulandes und für die Leute aus der Walachei ein Räuber, für die Russen dagegen bin ich ein Gast. Als Saffianos seinen ganzen Vorrat an Kartätschen verschossen hatte und zu euch in die Quarantäne kam, um von den Gefangenen für die letzten Schüsse Knöpfe, Nägel, Kettchen und die Knäufe von den Jataganen zu holen, gab ich ihm zwanzig Beschlyks und war daraufhin völlig von Geld entblößt. Gott weiß, daß ich, Kirdschali, von Almosen leben mußte! Weswegen also verraten mich jetzo die Russen an meine Feinde?» Doch nachdem er dies gesagt, verstummte Kirdschali und ergab sich ruhig darein, die Entscheidung über sein Los zu erwarten.

Er brauchte nicht lange zu warten. Da es nicht in den Obliegenheiten der Obrigkeit liegt, Räuber nach der Romantik ihrer Taten zu beurteilen, und da man andererseits von der Billigkeit der Forderung überzeugt war, wurde befohlen, Kirdschali nach Jassy zu bringen.

Ein zu jener Zeit unbekannter junger Beamter, der heute einen bedeutenden Posten bekleidet, ein Mann von Geist und Herz, hat mir die Abreise anschaulich geschildert.

Die Postkaruzza hielt am Gefängnistor... Vielleicht wissen Sie nicht, was das ist, eine solche Karuzza? Das ist eine niedrige Fuhre mit geflochtenem Wagenkorb, vor die noch unlängst sechs oder acht Klepper gespannt wurden. Ein schnurrbärtiger Moldauer mit einer Hammelmütze, der rittlings auf einem der Klepper saß, ließ keine Minute verstreichen, ohne zu schreien und mit der Peitsche zu knallen, während seine Mähren einen ziemlich schnellen Trab anschlugen. Wenn eines der Pferde nicht mehr Schritt zu halten vermochte, so spannte er es unter schaudererregenden Verwünschungen aus und ließ es einfach auf dem Wege, ohne sich weiter darum zu kümmern. Er war dessen gewiß, daß er es auf dem Rückweg auf dem gleichen Fleck wieder antreffen würde, ruhig auf der grünen Steppe weidend. Es kam nicht selten vor, daß ein Reisender, der von einer Station mit einem Achtergespann abreiste, mit zwei Pferden auf der nächsten Station eintraf. So war das vor fünfzehn Jahren. Heute aber hat man im russisch gewordenen Bessarabien das russische Geschirr und den russischen Wagen übernommen.

Und solch eine Karuzza hielt im Jahre 1821 an einem der letzten Septembertage an der Gefängnispforte. Um die Karuzza herum standen Jüdinnen mit hängenden Ärmeln und schlurrenden Pantoffeln, Arnauten in ihren abgerissenen und trotzdem malerischen Gewändern und schlanke Moldauerinnen mit schwarzäugigen Kindern auf den Armen. Die Männer schwiegen, die Weiber erwarteten aufgeregt, was kommen würde.

Das Tor ging auf und einige Polizeioffiziere traten auf die Straße; hinter diesen führten zwei Soldaten den in Ketten geschmiedeten Kirdschali.

Er mochte dreißig Jahre zählen. Die Züge seines gebräunten Antlitzes waren regelmäßig und hart. Er war breitschultrig und von hohem Wuchs, und alles an ihm sprach von ungewöhnlich großer physischer Kraft. Ein bunter Turban saß schief auf seinem Haupt, die schmalen Hüften wurden von einem breiten Gürtel umschlungen; seine weitere Kleidung bestand aus einem Dolman von dickem blauem Tuch, einem breitgefälteten Hemd, das über die Knie hing, und aus schönen Pantoffeln. Seine Miene war stolz und ruhig.

Einer der Beamten, ein alter Mann mit häßlicher roter Fratze, der in einer verschlissenen Uniform stak, an der drei Knöpfe baumelten, klemmte sich das Zinngestell einer Brille auf die purpurfarbene Warze, die bei ihm an Stelle der Nase ragte, faltete ein Papier auseinander und näselte in moldauischer Sprache den anderen etwas vor. Von Zeit zu Zeit blickte er aufgeblasen zu dem gefesselten Kirdschali auf, da sich das Papier ganz offenbar auf diesen bezog. Kirdschali lauschte ihm sehr aufmerksam. Als der Beamte mit seiner Vorlesung zu Ende war, faltete er das Papier zusammen, schrie drohend das Volk an und befahl diesem auseinanderzutreten – und ordnete hierauf an, daß die Karuzza vorfahren möge. In diesem Augenblick wandte sich Kirdschali zu ihm und sprach einige Worte in der Sprache des Moldaulandes; hierbei zitterte seine Stimme und das Gesicht verzerrte sich; er schluchzte und warf sich dem Polizeibeamten zu Füßen, wobei die Ketten laut klirrten. Erschreckt sprang der Polizeibeamte zurück; die Soldaten schickten sich an, Kirdschali emporzureißen, indes dieser erhob sich selber, raffte seine Ketten auf, schritt zur Karuzza und rief «Gaida!» Ein Gendarm setzte sich zu ihm, der Moldauer Kutscher knallte mit der Peitsche, und die Karuzza rollte ab.

«Was war das, was Kirdschali Ihnen sagte?» fragte der junge Beamte den Polizeimann.

«Er bat mich (sehen Sie mal)», erwiderte lachend der Polizeibeamte, «ich möge mich um sein Weib und sein Kind kümmern, die in der Nähe von Kilia in einem bulgarischen Dorf hausen – er hat nämlich Angst, daß diese vielleicht seinetwegen zu leiden haben würden. So was von einem dummen Volk.»

Die Erzählung des jungen Beamten hatte mich sehr beschäftigt. Der arme Kirdschali tat mir leid. Lange vernahm ich nichts mehr über sein Ergehen. Einige Jahre darauf begegnete ich dem jungen Beamten. Wir kamen ins Gespräch über das Vergangene.

«Und was macht Ihr Freund Kirdschali?» fragte ich, «vielleicht wissen Sie, was aus dem geworden ist?»

«Wie sollte ich das nicht wissen», entgegnete er und erzählte mir folgendes: Als man ihn nach Jassy gebracht hatte, wurde Kirdschali dem Pascha vorgeführt, der ihn dazu verurteilte, gepfählt zu werden. Die Hinrichtung wurde bis zu einem gewissen Feiertag aufgeschoben. Bis dahin sperrte man ihn in einen Kerker.

Der Gefangene wurde von sieben Türken bewacht (einfache Leute und in der Seele genau solche Räuber wie Kirdschali); diese hatten große Achtung vor ihm und hörten mit einer Gier, die dem ganzen Osten eigen ist, seine wunderbaren Erzählungen an.

So entstand eine enge Verbindung zwischen dem Gefangenen und seiner Wache. Eines Tages sprach Kirdschali zu ihnen: «Brüder, meine Stunde rückt heran. Niemand kann seinem Los entgehen. Schon bald werde ich Abschied von euch nehmen müssen. So ist es mein Wunsch, euch etwas zum Andenken zu hinterlassen.»

Da wurden die Türken ganz Ohr.

«Brüder», fuhr Kirdschali fort, «vor drei Jahren, als ich noch mit dem verstorbenen Michailaki das Räuberhandwerk betrieb, da haben wir in der Steppe unweit von Jassy einen Kessel mit Münzen vergraben. Ich seh schon, nicht mir noch ihm ward beschieden, diesen Schatz zu besitzen. Sei's denn: nehmt ihn euch und teilt euch freundschaftlich darin.»

Die Türken wurden hierüber fast verrückt. Sogleich zerbrachen sie sich den Kopf, wie sie es anstellen könnten, den Ort auszumachen? Sie dachten hin und dachten her und beschlossen schließlich, Kirdschali selber müsse sie hinbringen.

Die Nacht brach an. Die Türken nahmen die

Kette von den Beinen des Gefangenen, fesselten ihm die Hände mit einem Strick und begaben sich mit ihm aus der Stadt in die Steppe.

Kirdschali führte sie immer in einer Richtung von einem Grabhügel zum andern. So wanderten sie lange. Schließlich machte Kirdschali an einem mächtigen Stein halt, maß zwölf Schritte gen Mittag ab, stampfte mit dem Fuß und sagte: «Hier ist's.»

Die Türken gingen ans Werk. Vier von ihnen zogen ihre Jatagane und schickten sich an, die Erde aufzugraben. Drei weitere hielten Wache. Kirdschali setzte sich auf den Stein und sah zu, wie gearbeitet wurde.

«Na und? Wird's bald?» fragte er, «habt ihr euch bis zum Schatz durchgegraben?»

«Noch nicht», erwiderten die Türken und arbeiteten so eifrig weiter, daß der Schweiß an ihnen hinunterrann.

Kirdschali zeigte Anzeichen von Ungeduld.

«Was das für Leute sind», sprach er. «Verstehen nicht einmal, Erde ordentlich aufzugraben. Bei mir würde das in zwei Minuten geschafft sein. Kinder, bindet mir die Hände los, gebt mir einen Jatagan!»

Die Türken wurden nachdenklich und gingen untereinander zu Rate.

«Je nun?» entschieden sie sich, «binden wir ihm halt die Hände los und geben wir ihm einen

Jatagan. Was schon? Er ist doch nur einer, und wir sind sieben.» Und die Türken banden ihm die Hände los und überließen ihm einen Jatagan.

Endlich war Kirdschali frei und bewaffnet. Was mußte er dabei wohl empfunden haben! ... Hastig begann er zu graben, und die Wächter unterstützten ihn dabei ... Mit eins aber stieß er seinen Jatagan einem davon in die Brust, er ließ den Stahl stecken und riß aus dem Gürtel des Mannes zwei Pistolen.

Als die übrigen sechs den Kirdschali mit zwei Pistolen bewaffnet sahen, liefen sie Hals über Kopf davon.

Und heute treibt Kirdschali sein Räuberhandwerk unweit von Jassy. Unlängst hat er dem Hospodaren einen Brief geschrieben und darin fünftausend Lewa von ihm verlangt, wobei er gedroht hat, im Falle der Zahlungsunpünktlichkeit Jassy anzustecken und sich des Hospodaren selber zu bemächtigen. Und die fünftausend Lewa wurden ihm zugestellt.

Was sagen Sie zu Kirdschali?

PAUL REPS

Zwei Zen-Geschichten

Nan-in, ein japanischer Meister der Meiji-Zeit (1868–1912), empfing einen Universitätsprofessor, der etwas über Zen erfahren wollte.

Nan-in bot Tee an. Er goß die Tasse des Besuchers voll und hörte nicht auf weiterzugießen.

Der Professor beobachtete das Überlaufen, bis er nicht mehr an sich halten konnte. «Es ist übervoll. Mehr geht nicht hinein!»

«So wie diese Tasse», sagte Nan-in, «sind auch Sie voll mit Ihren eigenen Meinungen und Spekulationen. Wie kann ich Ihnen Zen zeigen, bevor Sie Ihre Tasse geleert haben?»

Ein Zen-Schüler kam zu Bankei und klagte: «Meister, ich habe eine unbeherrschte Laune. Wie kann ich sie heilen?»

«Du hast etwas sehr Seltsames», erwiderte Bankei. «Laß mich sehen, was du hast.»

«Ich kann sie Euch jetzt nicht zeigen», sagte der andere.

«Wann kannst du sie mir zeigen?»

«Sie kommt ganz unerwartet», antwortete der Schüler.

«Dann», folgerte Bankei, «kann sie nicht

deine eigene wahre Natur sein. Wäre es so, dann könntest du sie mir jederzeit zeigen. Als du geboren wurdest, hattest du sie nicht, und deine Eltern gaben sie dir nicht. Denke drüber nach.»

FRIEDRICH HEBBEL

Pauls merkwürdige Nacht

Die Uhr schlug eben neun. Paul saß hinter dem Ofen an einem kleinen runden Tisch und las eine Räubergeschichte, in deren Besitz er kürzlich auf einer Auktion gekommen war, weil er sie auf eine Nachtmütze mit in den Kauf hatte nehmen müssen. Wenn er eine Seite des Buchs beendigt hatte, befühlte er jedesmal den Ofen und zog die Hand dann kopfschüttelnd zurück; als guter Hauswirt wollte er vor dem gänzlichen Erkalten des Ofens nicht zu Bett gehen, und dieser hielt noch immer einige Wärme fest. Zu seinen Füßen, träge in einen Knäuel zusammengerollt und laut schnarchend, lag sein Hund, ein wohlgenährter, weißgefleckter Pudel, der sein Fett weniger der Freigebigkeit seines Herrn, als seiner diebischen Gewandtheit in Metzgerbuden verdankte. Wenn Paul im Buche an ein Kapitel kam, das ihn wenig interessierte, oder wenn er in die spärlich unterhaltene Lampe, die alle Augenblicke zu erlöschen drohte, ein paar Tropfen Öl gießen mußte, so bückte er sich wohl zu dem Hund nieder, ließ denselben, vielleicht weil er ihn um seinen frühen Schlaf beneidete, allerlei Künste machen, Schildwache stehen, oder den unfreiwilligen Toten spielen, brach ihm zuweilen aber auch ein Stück Brot ab und belohnte ihn damit für seine Folgsamkeit.

Die Uhr schlug halb zehn. Paul stand auf, um sich zu entkleiden, da klopfte es ans Fenster. «Komm herein», rief Paul, in dem Klopfenden einen Straßenbuben vermutend, der ihn necken wolle, «dann kannst du hinaussehen!» Draußen ward gelacht und noch einmal geklopft. Ärgerlich blies Paul die Lampe aus und schlug sein Bett zurück. «Mach auf, ich bin's», rief jetzt eine bekannte Stimme. «Du noch, Bruder Franz?» entgegnete Paul, «was willst du denn so spät?» Verdrießlich suchte er sein Feuerzeug, zündete die Lampe wieder an und öffnete die Türe. «Du mußt noch zur Stadt», sagte der Bruder eintretend und legte einen großen Brief auf den Tisch, «wir haben im Amt alle Hände voll zu tun, ich werde die ganze Nacht am Pult zubringen müssen!» – «Das ist nicht dein Ernst!» versetzte Paul und schaute seinen Bruder mit seinem naiven Lächeln an.

Er besorgte bei Tage für das Amt, wo sein Bruder Schreiber war, recht gern einen Brief, denn er erhielt einen guten Botenlohn, aber in der Nacht war das noch niemals vorgekommen, und er hatte keine Lust, statt zu Bett zu gehen, im Finstern einen Weg von zwei Meilen zu machen.

«Wie sollte es nicht mein Ernst sein!» entgegnete der Bruder; «mach hurtig, die Sache hat Eile und kein Augenblick ist zu verlieren!» – «Spute dich, Paul!» rief die Mutter, die einer Erkältung halber schon seit einer Stunde im Bett lag; «das kommt uns trefflich zustatten, denn morgen ist Markttag!» – «Such dir einen andern Boten», sagte Paul nach einer Pause halb leise, «ich gehe nicht!»

Der Bruder, der sich gefreut hatte, Paul den kleinen Verdienst zuwenden zu können, wurde gereizt. «Du sollst!» rief er mit Heftigkeit; «wer das Geld bei Tage verdienen will, der muß auch nachts bei der Hand sein!» – «Tu, was du willst!» erwiderte Paul mit großer Ruhe, «es sollte mich wundern, wenn du mich so weit brächtest.» Er trat an den Tisch und blätterte in dem Räuberroman; mitunter warf er einen scheuen Blick auf den Bruder. Dieser schwieg eine Weile still, dann sagte er: «Ich werde den Bettelvogt zu dir schicken!» und wollte fortgehen. Der Bettelvogt war ein Mann, den Paul fürchtete, weil er den

Umfang seiner Macht nicht kannte; er vertrat seinem Bruder daher den Weg und sagte: «Franz, sei nicht unvernünftig, du würdest es ebensowenig tun, wie ich!»

Jetzt regte sich die Mutter wieder in ihrem Bett. «Junge!» rief sie zornig, «wem gleichst du nur! Deinen Vater verdroß keine Mühe, und auch ich, so alt ich bin, rühre mich, wie ich kann. Du aber kommst vor Faulheit um!» – «Faulheit?» versetzte Paul ärgerlich und stellte seine Pfeife, die er bisher noch nicht hatte ausgehen lassen, vor das Fenster, «als ob's Faulheit wäre!» – «Was ist es denn?» fragte der Bruder. «Das weißt du recht gut!» erwiderte Paul und stützte, sich niedersetzend, den Kopf auf den Tisch. «Erst neulich stand eine Mordgeschichte im Wochenblatt!»

Der Bruder mußte unwillkürlich lächeln, dann sagte er: «Paul, sei kein Narr! Sieh auf deine kahle Jacke und tröste dich. Dich wird niemand umbringen; denn daß du nichts in der Tasche hast, das sieht dir jeder an.» – «Haben sie», entgegnete Paul mit einem Blicke herausfordernder Angst, «nicht einmal einen ums Hemd kalt gemacht?» Dabei zog er seine Jacke aus, um mit Tat und Wort zugleich gegen das ihm zugemutete Heldenstück zu protestieren. Der Mutter, die dies bemerkte, floß die Galle über; sie richtete sich, ohne etwas zu sagen, im

Bett auf und warf Paul ihren Pantoffel an den Kopf.

Der Bruder, der jetzt erst sah, daß Paul im stillen Anstalt gemacht hatte, zu Bett zu gehen, faßte ihn bei der Brust, schüttelte ihn weidlich und rief: «Erkläre dich, ob du willst oder nicht!» – «Ich will!» sagte Paul in weinerlichem Tone; «laß mich nur los!» Dann kehrte er sich um und rief der Mutter zu: «Gott wird richten! Du bist an meinem Unglück schuld! Der Mond ist nicht einmal ordentlich durch!»

Tränen stürzten aus seinen Augen, doch sagte er jetzt kein Wort weiter, sondern zog schweigend und schnell die schon abgelegte Jacke wieder an, setzte die Mütze auf, steckte Tabakspfeife und Brief in die Tasche, griff zum Stecken und ging, dem Hunde pfeifend, aus der Tür. Eine kurze Weile machte er nur sehr langsame Schritte, weil er zurückgerufen zu werden hoffte. Dann setzte er sich mit einem Fluch in seinen gewöhnlichen Trab. Bevor er die Landstraße erreichte, kam er an einem vom Dorf abgesondert liegenden Hause vorbei, welches als eine Diebesherberge berüchtigt war und von einem alten Weibe samt ihren drei Söhnen bewohnt wurde. «Wenn die alle drei», dachte Paul, «sind, wo sie sein sollen, so will ich mich beruhigen!» und schlich sich mit leisen, leisen Schritten unter die erleuchteten Fenster, die nur schlecht mit einigen zerrissenen Schürzen verhängt waren und den Blick ins Innere gestatteten.

Die Diebsmutter saß am Ofen und spann, zwei ihrer Söhne spielten Karten mit einem berüchtigten Herumstreifer, einem Musikanten, der dritte war nicht sichtbar, aber im Hintergrund des Zimmers lag auf einer Streu ein Kerl, von dessen Gesicht man nichts erkennen konnte, als den starken, schwarzen Backenbart, der sich verwegen von dem einen Ohre bis zum andern hinzog. «Der lange Hanns ist nicht zu Hause», dachte Paul, und kalte Schauer liefen ihm über den Rücken; «der wird der erste sein, der mir unterwegs begegnet!» Er lauschte wieder hinein. «Wie grimmig der rothaarichte Marquard aussieht!» sagte er und wußte nicht, daß er seinen Gedanken Worte gab. – «Und der einäugige Jürgen, wie er die Zähne zeigt, wenn er lacht! Doch, was sind sie alle beide gegen den Hanns!» Ein Geräusch entstand, vorsichtig zog Paul sich zurück und setzte seinen Weg fort.

Er kam an einer Mühle vorbei, der Müllerhund, seine Kette schüttelnd, bellte ihn an. «Belle nur zu!» rief Paul kühn und schwang seinen Stock. «Wie man doch zuweilen ein Tor ist!» fuhr er nach einer Pause fort, «sonst fürchte ich mich wie ein Kind vor Hunden, jetzt möchten mir ihrer zwanzig in den Weg kommen, ich nehme es lieber mit ihnen auf, als mit einem einzigen Menschen!» Nun befand er sich auf der Landstraße. Wie eine ungeheure Riesenschlange dehnte sie sich mit den unheimlichsten Krümmungen und Windungen vor ihm aus; es war still, so totenhaft still, wie es nur in einer Winternacht voll Schnee und Frost sein kann; der Mond spielte Versteckens mit den Wolken und schien zuweilen hell, zuweilen gar nicht; die ringsum liegenden Dörfer waren in Nebel und Finsternis begraben; nur hie und da brannte in einem Hause noch ein trübes Licht, als trauriger Gesellschafter eines Kranken, der den Schlaf ruft und oft den Tod kommen sieht; eine dumpfe Kirchenuhr schlug in der Ferne, und Paul zählte ängstlich ihre feierlichen elf Schläge.

Paul war kein Atheist, aber er schlief manchen Abend ohne sein Nachtgebet ein. Jetzt faltete er andächtig die Hände und betete ein Vaterunser. Eine Krähe flog mit häßlichem Geschrei dicht vor ihm auf. Er fluchte auf seinen unnatürlichen Bruder. Ein Kirchhof lag hart am Wege, auf dessen beschneite Leichensteine der Mond zwei Sekunden lang ein grelles Licht warf. Paul schwur, daß er des Morgens nie wieder vor seiner Mutter aufstehen und ihr den Kaffee kochen wolle. Ein Reiter sprengte stumm an ihm vorüber. «Wie glücklich», rief Paul, der noch nie geritten war, «ist ein Mensch, der ein Pferd hat!» Schon floß ihm der Schweiß von der

Stirn herab, denn seit ihm der Kirchhof im Rükken lag, war er wütend gelaufen. Jetzt wagte er zum erstenmal, sich umzusehen, er entdeckte nichts Bedrohliches und zündete deshalb, mit Ruhe Feuer schlagend, die Pfeife an.

«Hätt' ich doch», dachte er, als er die ersten Züge tat, die ihn bis ins Innerste hinein belebten, «irgendeinen meiner Bekannten, der auch noch in die Stadt müßte, zur Seite! Wie angenehm ließe sich mit dem die Zeit verplaudern! Aber freilich, nachts zwischen elf und zwölf wandern nur Räuber und Mörder und Toren, die beraubt und gemordet sein wollen. Wer ein Christ ist, der schläft zu dieser Stunde!»

Er sah sich wieder um, denn er hatte seinen Hund, der bisher nicht von ihm gewichen war, auf einmal verloren. Er rief, so laut er konnte: «Spitz! Spitz!» Da war es ihm, als ob er selbst laut beim Namen gerufen würde. Mit fieberischer Gespanntheit horchte er auf und fand, daß er sich nicht getäuscht habe, denn «Paul! Paul!» erscholl es hell und deutlich hinter ihm, und in einer Entfernung von ungefähr fünfzig Schritten bemerkte er eine auf ihn zueilende hohe Männergestalt, die, wie zum Wink, ihren Knüttel schwang. «Wer wird's sein –» dachte Paul, «als der lange Hanns aus der Diebsherberge! Jedem im Dorf ist's bekannt, daß ich fürs Amt zuweilen Geld in die Stadt trage; nun denkt er,

97

es sei auch heute der Fall und rennt hinter mir drein! Ja, ja, Ort und Zeit sind gelegen! Wenn er mich nicht bloß morden, wenn er mich gemächlich schlachten wollte, hier wäre der Platz dazu. Aber man hat Beine!»

Paul zog instinktmäßig sein Messer aus der Tasche und stürzte wie rasend fort. Sein Hund, der eine Weile in die Kreuz und Quer gerannt und wahrscheinlich einem Hasen auf der Spur gewesen war, folgte ihm und hatte das Mißgeschick, ihm vor übergroßer Eile zwischen die Beine zu geraten. Paul stolperte über ihn und wäre fast gefallen. «Verfluchter Köter!» rief er aus, «morgen ersäuf' ich dich!» Dabei stieß er mit dem Fuß nach dem treuen Tier, welches eben, um seine Ungeschicklichkeit wieder gut zu machen, schmeichelnd an ihm heraufsprang. Einer seiner Handschuhe entfiel ihm, er nahm sich nicht die Zeit, ihn aufzuheben, doch der gut abgerichtete Pudel tat's für ihn mit dem Maul. Der Brief flog ihm aus der Jackentasche, er fluchte, während er sich aber notgedrungen niederbückte und ihn wieder aufnahm, blickte er zugleich scheu und ängstlich rückwärts, und bemerkte zu seinem Trost, daß dem Verfolger bereits ein sehr bedeutender Vorsprung abgewonnen sei. «Im Laufen», dachte er, «nimmt's so leicht keiner mit mir auf; das wußte der Unhold, darum versuchte er's, mich durch Rufen zum Stehenbleiben zu verleiten. Ha! Ha! als ob ich einfältiger wäre wie ein Hase, der wahrhaftig nicht umkehrt, wenn der Jäger ihm pfeift! Ich weiß gar nicht, warum ich die Pfeife nicht wieder anzünde, schon sehe ich die Türme der Stadt!»

Der Lange, der es bemerken mochte, daß Paul nicht mehr so eilte wie vorher, rief abermals: «Heda! So warte doch!» – «Nimmt er nicht», dachte Paul, «ordentlich eine fremde Stimme an? Das ist die seinige nicht, die ist durch den Branntwein längst verdorben. Aber ruf du, wie ein Engel ruft, mich fängt man nicht durch solche Künste!» Immer rüstig vorwärts gelangte er bald an das unverschlossene Tor der Stadt. Hier sah er sich wieder um, der Lange war ihm ziemlich nah, und er konnte im Mondschein deutlich bemerken, daß Spitz, dessen ungewöhnliches Hin- und Herlaufen ihm längst verdächtig gewesen war, jenen liebkoste, an ihm hinaufsprang und ihm die Hand leckte. «Bei Gott!» rief Paul grimmig aus und ging in die Stadt hinein, «morgen ersäuf' ich den Köter im ersten Wasser, ich glaube, ich schwur's schon einmal!»

Hell brannten die Laternen auf den Straßen, drei bis vier Nachtwächter wanderten umher. Hier ist man mehr als sicher! dachte Paul und stellte sich hinter einen Laternenpfahl. «Wagt der Gesell' sich in die Stadt», dies gelobte er sich feierlich und blickte unverwandt nach dem Tore zurück, «so mach' ich die Wächter auf ihn aufmerksam, das bin ich jedem Schlafenden, den er bestehlen könnte, schuldig!» In diesem Augenblick kam der Lange ins Tor. Paul eilte auf den nächsten Nachtwächter zu und sagte in ängstlicher Hast: «Paßt auf den Menschen, der eben die Straße heraufkommt, er ist ein Räuber und Dieb, und hat mich über anderthalb Stunden verfolgt!»

Der Nachtwächter zog, ohne zu antworten, eine Pfeife hervor und pfiff, alsbald sammelten sich um ihn seine Kameraden und umzingelten, nachdem er sie in höchster Kürze instruiert hatte, den angeblichen Räuber, ihn mit den sonderbarsten Fragen bestürmend. Auch Paul trat herzu, wie aber ward ihm, als er in der Person, vor der er wie vor dem Teufel geflohen war, statt des langen Hanns, seinen guten Freund Jakob, einen Schmiedegesellen, erkannte. «Das ist er nicht!» rief er den Nachtwächtern zu; «ich habe mich geirrt, laßt diesen los!» Schimpfend und brummend ließen die Wächter von ihrer Beute ab; Paul aber trat vor Jakob hin und fragte ihn mit großem Ernst: «Warst du es wirklich, der hinter mir herkam, mir winkte und mich beim Namen rief?» Jakob, der nicht wußte, was er aus dem wunderlichen Vorfall machen sollte, versetzte übellaunig: «Wer wäre es sonst gewesen? Ich soll für meinen Meister, der plötzlich erkrankt ist, zum Arzt und erkannte dich, als du deinen Hund locktest, an der Stimme!» – «Jesus!» entgegnete Paul ruhig und hielt seinem Freunde den Tabaksbeutel hin, damit er sich eine Pfeife stopfe, «hätte ich das gewußt, so hätten wir zusammen gehen können!»

GIACOMO CASANOVA

Frau Orio und ihre Nichten

In Venedig lernte ich die beiden Nichten der Frau Orio kennen, zwei liebreizende Zwillingsschwestern von so auffallender Ähnlichkeit, daß ihr eigener Liebhaber sie hätte verwechseln können. Erst als mir ein vertrauterer Umgang mit den jungen Damen vergönnt war, erkannte ich die geheimen Unterschiede ihres Wesens. Zunächst jedoch verbanden mich nur freundschaftliche Bande mit ihnen, denn meine Leidenschaft galt einer andern.

Die beiden besaßen eine Freundin namens Arcangela, die ebenso schön wie spröde war. Während meiner Besuche im Hause Orio pflegte sie sich schweigend über ihre Stickerei zu beugen, ohne kaum je die Augen von der Arbeit zu heben. Diese sittsame Zurückhaltung, die ich auch für Gleichgültigkeit nehmen konnte, erregte meine Leidenschaft, und die liebenswürdigen Schwestern Barbara und Catinella machten sich erbötig, mir behilflich zu sein und mich dem Ziel meiner Wünsche näherzubringen.

Sie schliefen im dritten Stock des Hauses Orio zusammen in einem großen Bett, und jedesmal, wenn Arcangela ihre beiden Freundinnen zum Abendessen besucht hatte, teilte sie als Dritte ihr Lager. Eines Abends, als ich die drei Schönen besuchte, nahm mich Barbara an der Türe beiseite und flüsterte mir zu:

«Wenn meine Tante Sie heute abend zum Souper auffordert, lehnen Sie die Einladung ab. Sobald wir uns zu Tisch begeben, verabschieden Sie sich; Catinella wird Ihnen zum Ausgang leuchten, doch statt hinauszugehen, bleiben Sie im Haus. Wenn die Türe mit deutlichem Geräusch ins Schloß gefallen ist und jedermann wähnt, Sie hätten sich hinwegbegeben, stehlen Sie sich auf Zehenspitzen in den dritten Stock hinauf und erwarten uns dort in unserem Schlafzimmer. Es wird dann nur noch an Arcangela liegen, Ihnen die ganze Nacht hindurch ein Stelldichein zu gewähren, das sich recht glücklich gestalten möge.»

Nach einer wohlgelungenen Abschiedskomödie betrat ich denn also das Zimmer der jungen Damen, warf mich auf ein Ruhebett und erwartete voll freudiger Ungeduld die verheißene selige Stunde.

Ich brauchte nicht lange zu harren. Bald erschienen die beiden Schwestern und führten mir die süße Arcangela zu, die bei meinem Anblick erstaunt und beunruhigt zurückwich. Ich besänftigte sie mit wohlgewählten Worten, zog sie neben mich auf das Ruhebett und verbrachte zwei volle Stunden damit, ihr von meiner glühenden Liebe zu sprechen, wobei ich nur Augen für sie und ihre Schönheit hatte.

Es schlug Mitternacht. Die jungen Damen beklagten mich, weil ich kein Abendessen gehabt hatte, doch dieses Mitleid beleidigte mich. Wie konnte ich an der Schwelle des Glücks einer versäumten Mahlzeit nachtrauern? Sie sagten mir auch, daß ich gewissermaßen ihr Gefangener sei, liege doch der Schlüssel des Hauses wohlverwahrt unter dem Kopfkissen der Tante, die die Türe erst morgen in der Frühe, wenn sie zur Frühmesse ging, öffnen würde.

Ich war weit davon entfernt, mich darüber zu beklagen, im Gegenteil: der Gedanke, noch fünf Stunden vor mir zu haben, die ich ohne Zweifel aufs innigste mit dem Gegenstand meiner Anbetung verbringen würde, erfüllte mich mit Entzücken.

Plötzlich begann Barbara leise zu lachen, und als Arcangela nach dem Grund dieser Belustigung fragte, flüsterte ihr Catinella die Erklärung ins Ohr, wobei auch sie zu lachen begann. Von Neugier erfaßt, wollte nun auch ich wissen, was die Heiterkeit der jungen Damen erregte, und erhielt die Auskunft, daß sie keine neue Kerze mehr hätten: bald würden wir in völliger Dunkelheit sitzen. Diese Nachricht ließ mein Herz rascher klopfen, doch geschickt verbarg ich meine Freude.

«Was werden wir im Finstern anfangen?» fragte Arcangela ängstlich.

«Wir werden plaudern.»

Seit drei Stunden unterhielten wir uns nun schon, und ich war der Held des Stückes. Die Liebe ist ein großer Dichter: ihr Stoff ist unerschöpflich, doch wenn sie das Ziel, das sie erstrebt, nie erreicht, wird sie müde und verstummt schließlich ganz. Als das Licht erlosch, streckte ich meinen Arm nach meiner Gefährtin aus – und griff ins Leere:

«Wo sind Sie?»

«Sprechen Sie nur weiter: ich höre Ihre Stimme vortrefflich.»

«Arcangela, seien Sie nicht grausam! Kommen Sie und setzen Sie sich wieder neben mich. Wenn ich schon mit Ihnen plaudern muß, ohne Sie zu sehen, möchte ich doch mit meinen Händen fühlen, daß ich nicht zu leerer Luft spreche. Ihr Mißtrauen beleidigt mich.»

«Beruhigen Sie sich, keines Ihrer Worte wird mir entgehen. Doch der Anstand verbietet es mir, in dieser Dunkelheit an Ihrer Seite zu bleiben.»

«So wollen Sie also, daß ich bis zum Morgengrauen allein hier sitze?»

«Nein. Legen Sie sich auf das Ruhebett und schlafen Sie.»

«Und Sie glauben, ich würde dies ertragen, bei dem Feuer, das in meinen Adern rast? Nun gut, ich stelle mir eben vor, daß wir Blindekuh spielen . . .»

Indem ich dem Wort die Tat auf dem Fuß folgen ließ, erhob ich mich und begann nach allen Seiten zu tasten. Doch jedesmal, wenn ich eine Gestalt erhaschte, war es Barbara oder Catinella, die sich stets sogleich zu erkennen gaben, und ich war töricht genug, sie auf der Stelle wieder loszulassen.

Nachdem ich umsonst die überzeugendsten Argumente vorgebracht hatte, verlegte ich mich aufs Bitten und schließlich sogar auf Tränen, doch da ich einsehen mußte, daß alles nichts nützte, überwältigte mich glühender Zorn. Am liebsten hätte ich das stolze Ungeheuer geschlagen, wäre nicht die Dunkelheit gewesen, die mich hinderte. So begnügte ich mich damit, ihr alle Beleidigungen zuzuschleudern, die verschmähte Liebe einem beleidigten Herzen einzuflößen vermag, und versicherte ihr, daß meine Anbetung sich in die größte Verachtung verwandelt hätte.

Mit der Finsternis nahmen meine Leiden ein Ende. Als die ersten Feuerzeichen der Morgendämmerung durchs Fenster schimmerten und Frau Orio sich zur Frühmesse begeben hatte, sagte ich den beiden Schwestern Lebewohl, ohne der grausamen Arcangela verziehen zu haben. Ich war entschlossen, sie zu vergessen.

Doch bald erhielt ich ein Briefchen von Barbara, das meine Hoffnung von neuem aufflammen ließ. Sie versicherte mir, daß Arcangela ihr Verhalten bereue. «Wenn Sie sie noch lieben, würde ich Ihnen raten, eine zweite Nacht zu wagen. Ich bin überzeugt, daß unsere Freundin wieder alles gutmachen wird und Sie uns mit den glücklichsten Gefühlen verlassen werden. Wir erwarten Sie morgen abend.»

Am folgenden Abend steckte ich zwei Flaschen Zypernwein und eine geräucherte Zunge zu mir und folgte der Einladung der jungen Damen. Doch wie groß war mein Erstaunen, als ich dort meine grausame Schöne nicht vorfand! Barbara beeilte sich, mir zu erklären, daß sie ihre Freundin morgens in der Kirche getroffen und daß Arcangela ihr gesagt hatte, sie könnte erst auf die Stunde des Abendessens ins Haus Orio kommen. Diese Erklärung beruhigte mich, und verabredungsgemäß lehnte ich wiederum die Einladung der Frau Orio zum Souper ab. Kurz bevor sie sich mit ihren Nichten zu Tisch setzte, verabschiedete ich mich wie das erstemal und stahl mich in den dritten Stock.

Eine knappe Stunde später erschienen die beiden Schwestern.

«Und wo habt ihr Arcangela?»

«Es muß ihr unmöglich gewesen sein, uns abzusagen, denn sie wußte, daß Sie hier sein und sie erwarten würden!»

«Gestehen wir lieber, daß sie sich über mich lustig macht. Sie hat sich Ihrer bedient, um mir diese Falle zu stellen, und sie hat gut daran getan, wegzubleiben: denn wäre sie gekommen, hätte *ich* mich über sie lustig gemacht.»

«Gestatten Sie», versetzte die lebhafte Barbara, «daß ich dieser Behauptung keinen Glauben schenke!»

«Oh, Sie werden bald überzeugt sein, denn die angenehme Nacht, die wir ohne sie verbringen werden, dürfte als Beweis vollauf genügen.»

«Das heißt also, daß Sie als Mann von Geist und edler Erziehung sich mit Anstand in die peinliche Lage schicken würden. Doch wir werden Ihre Höflichkeit nicht mißbrauchen. Sie schlafen in unserem Bett, und wir begeben uns in einem andern Zimmer zur Ruhe.»

«Nein, es wäre grausam von Ihnen, mich allein zu lassen. Außerdem werde ich mich gar nicht zu Bett legen.»

«Wie denn?» rief Catinella. «Sie würden es aushalten, sieben Stunden lang hier mit uns zusammenzusitzen, ohne vor Langeweile einzuschlafen?»

«Das werden wir sehen. Außerdem habe ich Vorräte mitgebracht. Sie werden doch nicht so herzlos sein, mich allein essen zu lassen?»

«Nein, im Gegenteil: wir werden ein zweites Mal soupieren.»

Rasch hatten sie drei Gedecke aufgelegt, Brot und Käse herbeigeholt und mit freudiger Erregung alles für die improvisierte Feier vorbereitet. Der ungewohnte Wein stieg ihnen bald zu Kopf, und ihre wachsende Heiterkeit ließ sie doppelt reizend erscheinen.

Ich saß zwischen den beiden Schönen, führte bald die eine, bald die andere Hand zum Kusse an die Lippen und fragte sie, ob sie die schnöde Art und Weise billigten, in der mich die abwesende Freundin behandelt hatte. Sie antworteten wie aus einem Munde, daß sie um meinetwillen Tränen vergossen hätten. Der erste Kuß, den ich auf ihre Lippen drückte, entsprang weder einem verliebten Gefühl noch dem Wunsch, sie zu verführen. Und während sie mir den Kuß zurückgaben, versicherten sie ihrerseits, sie täten es nur, um mir zu beweisen, daß sie meine brüderlichen Gefühle erwiderten. Doch es dauerte nicht lange, bis die unschuldigen Küsse die schlummernde Glut zu hellen Flammen auflodern und in uns ein Feuer erglühen ließen, das niemanden mehr überraschte als mich selbst.

War es erstaunlich, daß das Feuer dieser Küsse, die Süße, die ich auf diesen allzu ähnlichen Lippen kostete, der verführerische Reiz dieser gleichartigen Formen und die Versuchung, beide in derselben Umarmung zu vereinen, mich jäh in die liebenswürdigen Mädchen verliebt gemacht hatte? Sie standen Arcangela an Schönheit nicht nach, und außerdem war ihr Barbara mit ihrem glänzenden Geist und Catinella mit ihrer sanften Gemütsart tausendmal überlegen. Ich war erstaunt und beschämt, die Vorzüge der beiden nicht eher erkannt zu haben. Wohl durfte ich nicht vermuten, daß sie, durch meine Küsse entflammt, meine Gefühle bereits erwiderten, doch zweifelte ich nicht, daß es mir, indem ich mich aller Listen und Ränke bediente, an die sie kaum gewöhnt sein dürften, gelingen würde, sie in dieser langen Nacht für mich zu gewinnen.

Indem wir weiterplauderten, begann ich scheinbar gegen den Schlaf anzukämpfen. Barbara bemerkte es als erste:

«Machen Sie keine Umstände und legen Sie

sich zu Bett. Wir werden uns ins Nebenzimmer begeben und dort auf einem Ruhebett schlafen.»

«Es würde mich zum jämmerlichsten aller Männer stempeln, wenn ich euch auf diese Weise von hier vertreiben würde. Außerdem hättet ihr unrecht, mich zu fliehen, denn ich liebe euch nur wie ein Bruder. Ich versichere euch, ihr werdet euch nicht über meinen Mangel an Zurückhaltung zu beklagen haben. Unangenehm ist nur, daß ich nicht in meinen Kleidern schlafen kann.»

«Ziehen Sie sich aus, wir werden uns abwenden.»

«Eure Blicke scheue ich nicht. Ich fürchte nur, daß meine Nacktheit euch von mir fernhalten könnte.»

«Wir werden uns auch ins Bett legen», versprach Catinella «ohne uns auszuziehen.»

«Mit diesem Mißtrauen beleidigt ihr mich! Haltet ihr mich denn nicht für einen Ehrenmann?»

Beide beeilten sich, mich zu beruhigen.

«Gut, aber ihr müßt mir den Beweis liefern, indem ihr eure Kleider ablegt, zu meiner Seite ins Bett steigt und euch auf meine Versicherung verlaßt, daß ich euch nicht anrühren werde. Außerdem – seid ihr nicht zwei gegen einen? Was hättet ihr also zu befürchten? Steht es euch denn nicht frei, das Bett zu verlassen, wenn ich mich ungebührlich benehmen sollte? Nein, ich bin überzeugt, daß ihr mir diesen Beweis eures Vertrauens nicht versagen werdet, sobald ich friedlich eingeschlafen bin. Gute Nacht, meine lieben Schwestern!»

Mit diesen Worten wandte ich ihnen den Rücken zu und entkleidete mich. Sobald ich mich ausgestreckt hatte, stellte ich mich schlafend, und bald übermannte mich der Schlummer wirklich; ich erwachte erst wieder, als die beiden Mädchen das Bett bestiegen und sich schüchtern an meine Seite legten. Ich verhielt mich unbeweglich, bis ich annehmen durfte, daß beide schliefen, und wenn dem nicht so war, lag es nur an ihnen, mich nicht zu enttäuschen.

Sie hatten mir den Rücken zugekehrt, und das Licht war ausgelöscht. Ich ging also aufs Geratewohl vor und brachte meine ersten Huldigungen der jungen Dame dar, die an meiner rechten Seite lag. Ohne etwas zu überstürzen, versetzte ich sie in die Lage, daß sie sich besiegt erklären oder besser gesagt, sich weiterhin schlafend stellen mußte.

Mutig geworden, wandte ich mich nach links. Dort lag ein junges Wesen auf die Seite gekehrt und schien tief und friedlich zu schlafen. Doch auch dies war nur Schein, denn kaum hatte ich sie berührt, umschlang sie mich aufs innigste und erwiderte meine Umarmung mit der zärtlichsten Ungeduld.

An diesen Äußerungen der Leidenschaft glaubte ich Barbara zu erkennen, und als ich es ihr zuflüsterte, gestand sie: «Ja, ich bin es, und als deine Geliebte werde ich, ebenso wie meine Schwester, das glücklichste Geschöpf der Welt sein, solange du uns in Treue zugetan bleibst.»

«Bis zum Tod, mein süßer Engel», versicherte ich feurig, «und da wir uns heute nacht in Liebe gefunden haben, soll zwischen uns nie wieder die Rede von jener Herzlosen sein, die uns getäuscht hat.»

So verbrachten wir denn zusammen eine aufs trefflichste erfüllte Nacht und beschenkten uns gegenseitig mit den Beweisen unserer jugendlichen Glut, bis mit der Morgenröte die Glocke der Frühmesse erklang.

Tags darauf überbrachte mir ein zuvorkommender Gondoliere einen Brief von Barbara und ein kleines Paket. In dem Paket fand ich ein Stück Wachs, das den Eindruck eines Schlosses trug, und das Briefchen enthielt die Aufforderung, mir einen passenden Schlüssel herstellen zu lassen und diesen zu benützen, sooft ich Lust hätte, die Nacht im Hause Orio zu verbringen.

Auf diese Weise war ich dank Arcangelas Herzlosigkeit in den Besitz zweier zärtlicher Freundinnen gekommen, mit denen ich im Laufe der folgenden Monate allwöchentlich mindestens drei Nächte verbrachte.

MARIE VON EBNER-ESCHENBACH

Aphorismen

Jeder Mensch hat ein Brett vor dem Kopf – es kommt nur auf die Entfernung an.

Selbst der bescheidenste Mensch hält mehr von sich, als sein bester Freund von ihm hält.

Viele Leute glauben, wenn sie einen Fehler erst eingestanden haben, brauchen sie ihn nicht mehr abzulegen.

Der Gescheitere gibt nach! Eine traurige Wahrheit; sie begründet die Weltherrschaft der Dummheit.

Mitleid ist Liebe im Négligé.

Wir sind so eitel, daß uns sogar an der Meinung der Leute, an denen uns nichts liegt, etwas gelegen ist.

Vernunft annehmen kann niemand, der nicht schon welche hat.

Je kürzer der Fleiß, je länger der Tag.

Über das Kommen mancher Leute tröstet uns nichts als – die Hoffnung auf ihr Gehen.

Unsere Fehler bleiben uns immer treu, unsere guten Eigenschaften machen alle Augenblicke kleine Seitensprünge.

MICHAIL SOSTSCHENKO

Qualität der Produktion

Bei meinen Bekannten, bei den Gussews, wohnte ein Deutscher aus Berlin.

Mietete ihnen ein Zimmer ab. Wohnte dort fast zwei Monate. Die Gussews waren auf ihren Untermieter sehr stolz und berichteten ihren Bekannten begeistert, was dieser Ausländer für Kleider habe und was für ausländische Sachen von erstaunlicher Qualität er besitze.

Doch als dieser Deutsche dann abreiste, ließ er viel bei den Vermietern zurück. Einen ganzen Schwung ausländischen Gutes. Verschiedene Fläschchen, Bäffchen, Schächtelchen. Außerdem zwei Paar Unterhosen. Und einen fast ganzen Sweater.

Unbeschadet der kleinen Dinge, sowohl für

männlichen als auch für weiblichen Gebrauch, gar nicht zu zählen.

All das lag in einem Haufen in der Ecke vorm Handwaschbecken.

Die Wirtin, Madam Gussewa, eine reputierliche Dame, nichts wider sie zu sagen, machte den Deutschen vor der Abreise aufmerksam: Also, bitte-dritte, haben Sie nicht in der Eile ausländische Ware zu vergessen geruht.

Der Deutsche schüttelte den Kopf: bitte nehmen Sie das nur, es lohnt nicht, darüber zu reden.

Alsbald fielen die Hausherren über die zurückgelassenen Produkte. Gussew selber fertigte sogar eine genaue Liste der Waren an und stülpte sich ganz selbstverständlich den Sweater über und nahm auch die Unterhosen für sich.

Und ging hierauf zwei Wochen lang mit den Unterhosen in der Hand herum, zeigte sie allen, war ganz übermäßig stolz und pries die großartige deutsche Qualität.

Und die Waren waren tatsächlich, wenn sie auch getragen und ganz allgemein gesagt, kaum mehr lebensfähig waren, trotzdem, kein Wort darüber, es war echte ausländische Ware, angenehm zu schauen.

Unter anderem befand sich unter den zurückgelassenen Gütern ein Behälter, also eigentlich kein richtiger Behälter, sondern mehr ein ziemlich flaches Döschen mit Puder. Der Puder ganz allgemein rosig und fein. Und auch ein ziemlich sympathisches Gerüchlein, so was von Lorigan oder von Rose.

Nach den ersten Freudentagen und dem ersten Jubel begannen die Gussews zu raten, was das wohl für ein Puder sein könne. Sie rochen dran und knabberten mit den Zähnen dran, streuten etwas vom Puder ins Feuer, aber sie kamen nicht dahinter. Schleppten ihn durchs ganze Haus, zeigten ihn allen Hausbewohnern, doch auch sie konnten nicht draufkommen.

Viele meinten, das könnte Puder sein, und einige äußerten, das wäre eine Art feinen deutschen Talkums, um neugeborene Kinder damit zu pudern.

Gussew sagte:

«Feiner deutscher Talkum nützt mir nichts. Neugeborene Kinder habe ich nicht. So mag es denn Puder sein. Dann werde ich nach jeder Rasur meine Visage damit pudern. Man muß doch wenigstens einmal im Leben ein kulturelles Leben führen.»

Und fing an, sich zu rasieren und zu pudern. Kam nach jeder Rasur rosig daher, blühend und geradezu wohlriechend.

Na, und natürlich rings nur Neid und Fragerei.

Während dieser Zeit benutzte Gussew tatsächlich deutsche Ware. Und lobte und pries das ausländische Produkt voller Eifer.

«Wieviel Jahre schon», sagte er, «habe ich mit verschiedenen Abfällen von uns meine Persönlichkeit verunstaltet, und nun habe ich es schließlich doch erreicht. Wenn aber», sagte er, «dieser Puder zu Ende sein wird, dann weiß ich wahrlich nicht, was ich tun soll. Dann werde ich mir halt noch so eine Dose bestellen müssen. Schon sehr eine wunderbare Ware.»

Nach einem Monat, als der Puder seinem Ende entgegenging, kam ein Intellektueller, den Gussew kannte, ihn besuchen. Nach dem Abendtee entzifferte er, was auf der Dose geschrieben war. Es stellte sich heraus, daß dies ein deutsches Produkt gegen die Vermehrung von Flöhen war.

Natürlich hätte dieser Umstand einen weniger lebensfrohen Menschen sehr niederdrücken können. Und es hätte sogar sein können, daß bei einem weniger lebensfrohen Menschen die Haut vor lauter unnützem Mißtrauen sich mit Pickeln und Mitessern bedeckt hätte. Aber so war Gussew nicht.

«Das gefällt mir», sagte er. «Da sieht man wieder einmal die Qualität der Ware! Das ist ein Gipfel. Wirklich ein Produkt, höher als das man nicht spucken kann. Wenn du willst, kannst du deine Fresse pudern, wenn du willst, brauch's wider die Flöhe! Nützt für alles. Bei uns aber?»

Und da sagte Gussew, nachdem er noch einmal das deutsche Produkt gepriesen:

«Ich wundere mich schon immer, was das wohl bedeuten soll? Ich pudere mich schon einen ganzen Monat damit und überhaupt kein Flohbiß. Meine Frau, Madam Gussew, wird von ihnen gebissen. Auch meine Söhne jucken sich ganze Tage lang wie verrückt. Das Hündchen Minka kratzt sich ebenfalls. Ich aber, sage ich Ihnen, ich gehe herum, und mir kann keiner was. Es sind zwar nur Insekten, trotzdem merken die kleinen Gauner die wirkliche Qualität.»

Und nun ist das Pulver bei Gussew zu Ende gegangen. Vermutlich beißen ihn die Flöhe aufs neue.

Die kleinen Gauner wissen, wen man beißen muß.

PROSPER MÉRIMÉE

Die Vision Karls XI.

Visionen und übernatürliche Erscheinungen
pflegt man zwar im allgemeinen nicht ernst zu
nehmen. Für einige aber liegen so unantastbare
Zeugenaussagen vor, daß man, wollte man an
ihnen zweifeln, logischerweise gezwungen wäre,
auch die Richtigkeit der Tatsachen, die historisch
bestätigt sind, in Bausch und Bogen zu bestrei-
ten.

Ein in aller Form aufgenommenes, von vier
glaubwürdigen Zeugen unterschriebenes Protokoll dürfte ausreichen, die Unumstößlichkeit
folgenden Berichts zu gewährleisten. Ich möchte noch ausdrücklich bemerken, daß die in dem
Protokoll enthaltene Weissagung ausgesprochen
war, lange bevor die später eingetretenen Er-
eignisse ihre Erfüllung brachten.

Karl XI., der Vater Karls XII., war einer der
größten Despoten, zugleich aber einer der weise-
sten Männer, die je über Schweden geherrscht
haben. Er beschränkte die geradezu ungeheuer-
lichen Privilegien des Adels, hob die Macht des
Senats auf und schuf Gesetze, für die nur er die
Verantwortung trug. Kurz, er veränderte die
bisher oligarchische Verfassung des Landes und

zwang die Stände, ihm die absolute Herrschaft einzuräumen. Im übrigen war er ein aufgeklärter, unerschrockener Mann, ein fester Anhänger des lutherischen Glaubens, von unbeugsamem Charakter, eine kalte, prosaische Natur ohne Spur von Phantasie.

Er hatte seine Gemahlin Ulrike Eleonore verloren, und obwohl, wie es hieß, seine Härte ihren Tod beschleunigt hatte, bewahrte er ihr seine Achtung und schien von dem Verlust tiefer betroffen zu sein, als man es von einem so hartherzigen Mann erwartet hätte. Er wurde seitdem noch finsterer und schweigsamer als früher und gab sich der Erfüllung seiner Pflichten mit einem Eifer hin, der auf das gebieterische Bedürfnis, schmerzliche Gedanken fernzuhalten, schließen ließ.

Am Ende eines Herbstabends saß er, in Schlafrock und Pantoffeln, in seinem Kabinett im Stockholmer Schloß vor einem hellflackernden Kaminfeuer. Bei ihm befand sich der Kammerherr, Graf Brahe, der sich seiner besonderen Gewogenheit erfreute, und der Arzt Baumgarten, der, nebenbei bemerkt, den Freigeist spielte und Zweifel an allem forderte mit Ausnahme der ärztlichen Wissenschaft. An jenem Abend hatte ihn der König zu sich berufen, um seinen Rat wegen irgendeines Übelbefindens zu hören.

Der Abend zog sich in die Länge, ohne daß

der König, wie es sonst seine Gewohnheit war, den anderen zu verstehen gab, daß es Zeit sei, sich zu verabschieden. Gesenkten Kopfes, den Blick auf die brennenden Scheite gerichtet, bewahrte er, sichtlich gelangweilt durch die Gesellschaft, doch zugleich, ohne sich des Grundes bewußt zu sein, die Einsamkeit fürchtend, tiefes Schweigen. Graf Brahe, der fühlte, daß seine Gegenwart nicht geradezu erwünscht sei, hatte schon einige Male der Besorgnis Ausdruck gegeben, Seine Majestät bedürfe gewiß der Ruhe. Eine Handbewegung des Königs aber hatte ihn zurückgehalten. Dann hatte der Arzt die schädlichen Einwirkungen erwähnt, die zu langes Aufbleiben der Gesundheit zufügen könnten. Doch der König hatte ihn kurz mit den Worten abgefertigt: «Ich habe noch nicht den Wunsch, mich zur Ruhe zu begeben. Bleiben Sie!»

Einige Versuche, eine Unterhaltung in Gang zu bringen, scheiterten beim zweiten oder dritten Satz. Offensichtlich befand sich Seine Majestät in düsterster Stimmung, und die Lage eines Hofmannes verlangt unter solchen Umständen besonderen Takt. Graf Brahe, der vermutete, daß die melancholische Verfassung seines Souveräns auf den erlittenen Verlust zurückzuführen sei, betrachtete eine Weile das an der Wand hängende Bild der Königin und brach dann seufzend in die Worte aus: «Wie ist dieses Porträt doch ähnlich! Dieser majestätische und dabei so milde Ausdruck . . .»

«Unsinn!» unterbrach ihn der König, der immer, wenn man vor ihm die Königin erwähnte, einen leisen Vorwurf zu vernehmen meinte. «Unsinn! Das Bild ist geschmeichelt. Die Königin war in Wirklichkeit viel häßlicher.»

Dann erhob er sich, innerlich erschrocken über die eigene Härte, und lief im Zimmer auf und ab, um die Erregung, deren er sich wohl schämte, zu verbergen. Vor dem Fenster, von dem man auf den Hof sah, blieb er stehen. Die Nacht war finster; der Mond stand im ersten Viertel.

Das Schloß, in dem die schwedischen Könige heute residieren, war noch nicht vollendet. Karl XI., der den Bau begonnen hatte, bewohnte damals das alte, am Rande des Ritterholms gelegene Palais, mit dem Blick auf den Mälarsee, ein großes, hufeisenförmiges Bauwerk. Das Kabinett des Königs war so gelegen, daß man sich dem großen Saal gegenüber befand, in dem sich die Stände zu versammeln pflegten, wenn sie eine Botschaft der Krone zu erwarten hatten.

Die Fenster des Saals schienen in diesem Augenblick von hellem Licht erleuchtet zu sein, was der König mit Befremden bemerkte. Zuerst vermutete er, daß es die Fackel eines Lakaien sei, die das Leuchten bewirkte. Aber was konnte ein Lakai zu dieser Stunde in dem schon lange nicht mehr geöffneten Saal wollen? Und außerdem war das Licht viel zu grell, um von einer einzigen Fackel herzurühren. Man hätte eher eine Feuersbrunst vermuten können. Aber es war kein Rauch zu sehen; die Fenster waren unbeschädigt, und man hörte keinen Laut. Das Ganze glich mehr einer Illumination.

Karl betrachtete das seltsame Bild in tiefem Schweigen. Graf Brahe aber streckte die Hand nach der Klingelschnur aus, um einen Pagen herbeizurufen, der die Ursache der seltsamen Helligkeit ergründen sollte.

Der König hielt ihn zurück. «Ich will», sagte er, «selbst in den Saal gehen.»

Er erbleichte, als er die Worte aussprach, und sein Gesicht nahm einen Ausdruck tiefen Schreckens an. Aber er faßte sich schnell und schritt entschlossen auf die Türe zu. Der Kammerherr und der Arzt, eine brennende Kerze in der Hand, folgten ihm.

Der Schloßvogt, der die Schlüssel in Verwahrung hatte, schlief bereits. Baumgarten weckte ihn und befahl ihm im Namen des Königs, die Türen zum Ständesaal unverzüglich zu öffnen. Der Mann war zwar höchst überrascht, kleidete sich aber eilends an und begab sich mit seinem Schlüsselbund zum König. Zuerst öffnete er die Tür einer als Vorraum und Nebenausgang dienenden Galerie.

Der König trat ein. Wie groß aber war sein Entsetzen, als er die Wände von oben bis unten schwarz bekleidet sah!

In äußerst aufgebrachtem Ton fragte er, wer den Befehl zu dieser Ausschmückung gegeben habe. «Niemand, Sire, soviel ich weiß», erwiderte der Schloßvogt bestürzt. «Die Galerie war, als sie zuletzt gesäubert wurde, mit Eichenholz getäfelt wie immer. Die Bespannung kommt sicher nicht aus der Gerätkammer Eurer Majestät.»

Der König hatte bereits zwei Drittel der Galerie schnellen Schrittes durchmessen. Der Graf und der Schloßvogt folgten ihm auf den Fersen. Baumgarten hielt sich etwas zurück. Teils fürchtete er, allein zu bleiben, teils auch erschreckte ihn der Gedanke, sich den Folgen eines Abenteuers auszusetzen, das sich in beängstigender Form ankündigte.

«Gehen Sie nicht weiter, Sire», rief der Schloßvogt. «Bei meiner Seele, hier ist Hexerei im Spiel! Zu dieser Stunde geht, heißt es, die Königin, Ihre erhabene Gemahlin, seit ihrem Tod hier um ... Gott schütze uns!»

«Halten Sie ein, Sire», rief nun auch der Graf. «Hören Sie nicht den Lärm, der aus dem Ständesaal herüberdringt? Niemand weiß, in welche Gefahr Eure Majestät sich begeben.»

Und Baumgarten, dem ein Windstoß die Kerze ausgeblasen hatte, beeilte sich, hinzuzufügen: «Gestatten Sie wenigstens, Sire, daß ich zwanzig Ihrer Trabanten herbeirufe.»

«Gehen wir weiter!» sagte der König mit fester Stimme. «Und du, Schloßvogt, öffne die Tür.»

Er stieß mit dem Fuß dagegen, und der Lärm, vervielfältigt durch den Widerhall der gewölbten Decken, durchdrang die Galerie mit der Stärke eines Schusses.

Die Hand des Schloßvogts zitterte so, daß der Schlüssel ans Schloß tastete, ohne jedoch einzudringen.

«Ein alter Soldat, der das Zittern hat!» sagte Karl, achselzuckend. «Graf, öffnen Sie an seiner Stelle.»

«Euer Majestät mögen mir befehlen, einer deutschen oder dänischen Kanone entgegenzumarschieren, und ich werde ohne Zaudern gehorchen. Aber der Hölle wage ich nicht zu trotzen.»

Der König riß dem Schloßvogt den Schlüssel aus der Hand.

«Ich sehe», sprach er verächtlich, «daß es sich hier um Dinge handelt, die nur mich anzugehen scheinen.» Und ehe das Gefolge ihn daran hatte hindern können, hatte er die schwere Eichentür geöffnet und war mit den Worten: «Mit Gottes Hilfe!» in den großen Saal getreten.

Seine Begleiter, getrieben von einer Neugier, die größer war als ihre Angst, vielleicht auch von dem von Schamgefühl diktierten Wunsch, den König nicht allein zu lassen, waren ihm gefolgt.

Der große Saal war von unzähligen Fackeln erleuchtet. Eine schwarze Bespannung verdeckte die figurenreichen Wandteppiche, und längs der Wände standen, in der gewohnten Reihenfolge, deutsche, dänische und moskowitische Fahnen, Siegesbeute der Heere Gustav Adolfs. Unter ihnen waren schwedische Banner, mit Trauerflor umhüllt, erkennbar.

Auf den Bankreihen saß eine Riesenversammlung, bestehend aus den vier Ständen, dem Adel, der Geistlichkeit, den Bürgern und Bauern, in der geziemenden Reihenfolge. Alle waren schwarz gekleidet. Die Menge menschlicher Gesichter, die wie helle Flecke auf dunklem Grund wirkten, blendeten die Augen, so daß keiner der vier Zeugen dieser überwältigenden Szene eine einzige bekannte Figur in der Menge zu erkennen vermochte. Es ging ihnen wie Schauspielern vor einem Riesenpublikum, die ein Gewirr von Erscheinungen vor sich haben, in dem sich aber der einzelne völlig verliert.

Auf dem erhöhten Thron, von dem der König zur Versammlung zu sprechen pflegte, erblickten sie einen blutigen, mit den königlichen Insignien versehenen Leichnam. Zu seiner Rechten stand ein Kind, die Krone auf dem Kopf, ein Zepter in der Hand; zu seiner Linken stützte sich ein einem Greis gleichendes Phantom auf den Thron. Es war mit dem zeremoniellen Gewand bekleidet, das die Verweser des Landes zu tragen pflegten, bis Wasa es zum Königreich machte. Vor dem Thron saßen an einem mit Folianten und Urkunden bedeckten Tisch einige Persönlichkeiten von ernstem und würdigem Aussehen in langen, schwarzen Gewändern, anscheinend Richter. Zwischen dem Thron und den Bankreihen der Teilnehmer befand sich ein schwarz umflorter Block, an dem ein Beil lehnte.

Niemand in dieser gespenstigen Versammlung schien die Anwesenheit Karls und seiner drei Begleiter zu bemerken. Bei ihrem Eintritt hatten diese nur ein dumpfes Gemurmel vernommen, in dem ihr Ohr aber keine deutlich ausgesprochenen Worte unterschied. Dann hatte sich der älteste der Männer im schwarzen Talar, anscheinend ihr Präsident, erhoben und die Hand dreimal auf den aufgeschlagen vor ihm liegenden Folianten fallen lassen. Darauf hatte sich tiefes Schweigen im Saal verbreitet. Und nun waren einige vornehm aussehende Jünglinge in reicher Kleidung in den Saal getreten. Ihre Hände waren auf dem Rücken gefesselt. Sie kamen durch eine Tür, die der von Karl XI. geöffneten gegenüberlag. Sie gingen hocherhobenen Hauptes und unerschrockenen Blicks. Hinter ihnen schritt ein Mann in braunem Lederwams, der das Ende ihrer Fesseln hielt. Der erste in der Reihe, der unter den Gefangenen der bedeutungsvollste zu sein schien, blieb inmitten des Saals vor dem Block, den er mit unnachahmlicher Verachtung musterte, stehen. In diesem Augenblick schien der Leichnam konvulsivisch zu zittern, während sich aus seiner Wunde ein neuer, hochroter Blutstrom ergoß. Der Jüngling kniete nieder und streckte den Kopf vor. Das Beil durchfuhr die Luft und fiel mit hellem Geräusch nieder. Ein Blutstrahl ergoß sich, sich mit dem Blute des Leichnams mischend, über den erhöhten Platz, und der Kopf rollte in mehreren Sätzen über den Boden bis vor die Füße Karls, die er rot färbte.

Bis jetzt hatte das überraschende Schauspiel den König verstummen lassen. Aber bei dem über alle Maßen grausigen Anblick löste sich der Bann. Er trat auf die Estrade zu und sprach, zu der Gestalt im Mantel des Verwesers gewandt, kühn und ohne Stocken die bekannte Formel aus: «Wenn du Gottes bist, so rede! Bist du des anderen, so laß uns in Frieden!»

Das Phantom erwiderte langsam, in feierlichem Ton: «König Karl! Dies Blut wird nicht unter deiner Herrschaft fließen.» Dann, mit weniger deutlicher Stimme: «Es wird fließen unter dem fünften deiner Nachfolger. Unglück, Unglück, Unglück über Wasas Blut!»

Dann begannen die zahlreichen Teilnehmer dieser erstaunlichen Versammlung gleichsam zu verschwimmen, sich in Schatten aufzulösen, bis sie schließlich ganz verschwunden waren. Die Fackeln verlöschten. Die Kerzen, die Karls Begleiter trugen, erleuchteten die alten, vom Wind leise bewegten Wandbehänge. Noch eine Weile war ein leises, melodisches Geräusch zu hören, das einer der Zeugen mit dem Säuseln der Blätter im Frühling, ein anderer mit dem Klang springender Harfensaiten beim Stimmen des Instruments verglich. Alle vier waren einig über die Dauer der Erscheinung, die sie auf etwa zehn Minuten schätzten.

Die schwarzen Behänge, der vom Rumpf getrennte Kopf, die Ströme des sich über den Boden ergießenden Bluts: alles war verschwunden. Nur der rote Fleck auf dem Pantoffel des Königs war vorhanden. Er allein hätte genügt, ihn an die Szenen dieser Nacht zu erinnern, wenn sie sich nicht seinem Gedächtnis so fest eingeprägt hätten.

In sein Kabinett zurückgekehrt, ließ der König den Bericht des Gesehenen niederschreiben. Er unterzeichnete ihn selbst und ließ ihn auch von seinen Begleitern bestätigen.

Trotz allen Vorsichtsmaßregeln, die man traf, um den Inhalt des Schriftstücks geheimzuhalten, wurde es doch bald bekannt, sogar schon zu Lebzeiten Karls XI. Es ist bewahrt, und niemand hat es bisher unternommen, Zweifel an seiner Glaubwürdigkeit zu äußern. Sein Schluß ist besonders bemerkenswert.

«Wenn dieser Bericht», erklärt der König darin, «nicht der vollen Wahrheit entspricht, gebe ich jegliche Hoffnung auf ein besseres Leben auf, das ich mir durch einige gute Taten, besonders durch meinen Eifer, für das Glück meines Volkes zu sorgen und den Glauben meiner Vorfahren zu schützen, verdient zu haben meine.»

Wenn man sich des Todes Gustavs III. und des an seinem Mörder, Anckarström, vollzogenen Urteils erinnert, findet man mehr als eine Verbindung zwischen diesem Ereignis und den Einzelheiten dieser seltsamen Prophetie.

Der von den Ständen enthauptete Jüngling dürfte auf Anckarström hingewiesen haben.

Der gekrönte Leichnam auf Gustav III.

Das Kind auf seinen Sohn und Nachfolger Gustav Adolf IV.

Und der Greis schließlich auf den Herzog von Södermanland, den Oheim Gustavs IV., der erst als Regent fungierte und später, nach der Absetzung seines Neffen, König wurde.

JOSEPH ROTH

Seine k. und k. apostolische Majestät

Es war einmal ein Kaiser. Ein großer Teil meiner Kindheit und meiner Jugend vollzog sich in dem oft unbarmherzigen Glanz seiner Majestät, von der ich heute zu erzählen das Recht habe, weil ich mich damals gegen sie so heftig empörte. Von uns beiden, dem Kaiser und mir, habe ich recht behalten – was noch nicht heißen soll, daß ich recht hatte. Er liegt begraben in der Kapuzinergruft und unter den Ruinen seiner Krone, und ich irre lebendig unter ihnen herum. Vor der Majestät seines Todes und seiner Tragik – nicht vor seiner eigenen – schweigt meine politische Überzeugung, und nur die Erinnerung ist wach. Kein äußerer Anlaß hat sie geweckt. Vielleicht nur einer jener verborgenen, inneren und privaten, die manchmal einen Schriftsteller reden heißen, ohne daß er sich darum kümmerte, ob ihm jemand zuhört.

Als er begraben wurde, stand ich, einer seiner vielen Soldaten der Wiener Garnison, in der neuen feldgrauen Uniform, in der wir ein paar Wochen später ins Feld gehen sollten, ein Glied in der langen Kette, welche die Straßen säumte. Der Erschütterung, die aus der Erkenntnis kam, daß ein historischer Tag eben verging, begegnete die zwiespältige Trauer über den Untergang eines Vaterlandes, das selbst zur Opposition seine Söhne erzogen hatte. Und während ich es noch verurteilte, begann ich schon, es zu beklagen. Und während ich die Nähe des Todes, die mich noch der tote Kaiser entgegenschickte, erbittert maß, ergriff mich die Zeremonie, mit der die Majestät (und das war: Österreich–Ungarn) zu Grabe getragen wurde. Die Sinnlosigkeit seiner letzten Jahre erkannte ich klar, aber nicht zu leugnen war, daß eben diese Sinnlosigkeit ein Stück meiner Kindheit bedeutete. Die kalte Sonne der Habsburger erlosch, aber es war eine Sonne gewesen.

An dem Abend, an dem wir in Doppelreihen in die Kaserne zurückmarschierten, in den Hauptstraßen noch Paradermarsch, dachte ich an die Tage, an denen mich eine kindische Pietät in die körperliche Nähe des Kaisers geführt hatte, und ich beklagte zwar nicht den Verlust jener Pietät, aber den jener Tage. Und weil der Tod des Kaisers meiner Kindheit genauso wie dem Vaterland ein Ende gemacht hatte, betrauerte ich den Kaiser und das Vaterland wie meine Kindheit. Seit jenem Abend denke ich oft an die Sommermorgen, an denen ich um sechs Uhr früh nach Schönbrunn hinausfuhr, um den Kaiser nach Ischl abreisen zu sehen. Der Krieg, die Revolution und meine Gesinnung, die ihr recht gab, konnten die sommerlichen Morgen nicht entstellen und nicht vergessen machen. Ich glaube, daß ich jenen Morgen einen stark empfindlichen Sinn für die Zeremonie und die Repräsentation verdanke, die Fähigkeit zur Andacht vor der religiösen Manifestation und vor der Parade des neunten November auf dem Roten Platz im Kreml, vor jedem Augenblick der menschlichen Geschichte, dessen Schönheit seiner Größe entspricht, und vor jeder Tradition, die ja zumindest eine Vergangenheit beweist.

An jenen Sommermorgen regnete es grundsätzlich nicht, und oft leiteten sie einen Sonntag ein. Die Straßenbahnen hatten einen Sonderdienst eingerichtet. Viele Menschen fuhren hinaus, zu dem höchst naiven Zweck der Spalierbildung. Auf eine sonderbare Weise vermischte sich ein sehr hohes, sehr fernes und sehr reiches Trillern der Lerchen mit den eilenden Schritten Hunderter Menschen. Sie liefen im Schatten, die Sonne erreichte erst die zweiten Stockwerke der Häuser und die Kronen der höchsten Bäume. Von der Erde und von den Steinen kam noch nasse Kühle, aber über den Köpfen begann schon die sommerliche Luft, so daß man gleichzeitig eine Art Frühling und Sommer fühlte, zwei Jahreszeiten, die übereinander lagen, statt aufeinander zu folgen. Der Tau glänzte noch und verdunstete schon, und von den Gärten kam der Flieder mit der frischen Vehemenz eines süßen Windes. Hellblau und straff gespannt war der Himmel. Von der Turmuhr schlug es sieben.

Da ging ein Tor auf, und ein offener Wagen rollte langsam heraus, weiße Pferde mit zierlichem Schritte und gesenkten Köpfen, ein regloser Kutscher auf einem sehr hohen Bock, in einer graugelben Livree, die Zügel so locker in der Hand, daß sie eine sanfte Mulde über den Rücken der Pferde bildeten und daß es unverständlich blieb, warum die Tiere so straff gingen, da sie doch offensichtlich Freiheit genug hatten, ein ihnen natürliches Tempo anzuschlagen. Auch die Peitsche rührte sich nicht, kein Instrument der Züchtigung, nicht einmal eins der Mahnung. Ich begann zu ahnen, daß der Kutscher andere Kräfte hatte als die seiner Fäuste und andere Mittel als Zügel und Peitsche. Seine Hände waren übrigens zwei blendende weiße Flecke mitten im schattigen Grün der Allee. Die hohen und großen, aber zarten Räder des Wagens, deren dünne Speichen an glänzende Dirigentenstäbe erinnerten, an ein Kinderspiel und eine Zeichnung in einem Lesebuch – diese Räder vollendeten ein paar sanfte Drehungen auf dem Kies, der lautlos blieb, als wäre er ein feingemahlener Sand. Dann stand der Wagen still. Kein

Pferd bewegte den Fuß. Kaum, daß eines ein Ohr zurücklegte – und schon diese Bewegung empfand der Kutscher als ungeziemend. Nicht, daß er sich gerührt hätte! Aber ein ferner Schatten zog über sein Angesicht, so daß ich überzeugt war, sein Unmut käme nicht aus ihm selbst, sondern aus der Atmosphäre und über ihn. Alles blieb still. Nur Mücken tanzten um die Bäume, und die Sonne wurde immer wärmer.

Polizisten in Uniform, die bis jetzt Dienst gemacht hatten, verschwanden plötzlich und lautlos. Es gehörte zu den kalt berechneten Anordnungen des alten Kaisers, daß kein sichtbar Bewaffneter ihn und seine Nähe bewachen durfte. Die Polizeispitzel trugen graue Hütchen statt der grünen, um nicht erkannt zu werden. Komiteemänner in Zylindern, mit schwarzgelben Binden, erhielten die Ordnung aufrecht und die Liebe des Volkes in den gebührenden Grenzen. Es wagte nicht, die Füße zu bewegen. Manchmal hörte man sein gedämpftes Gemurmel, es war, als flüsterte es eine Ehrenbezeigung im Chor. Es fühlte sich dennoch intim und gleichsam im kleinen Kreis eingeladen. Denn der Kaiser war gewohnt, im Sommer ohne Pomp abzureisen, in einer Morgenstunde, die von allen Stunden des Tages und der Nacht gewissermaßen die menschlichste eines Kaisers ist, jene, in der er das Bett, das Bad und die Toilette verläßt. Deshalb hatte der Kutscher die heimische Livree, dieselbe fast, die der Kutscher eines reichen Mannes trägt. Deshalb war der Wagen offen und hatte hinten keinen Sitz. Deshalb befand sich niemand neben dem Kutscher auf dem Bock, solange der Wagen nicht fuhr. Es war nicht das spanische Zeremoniell der Habsburger, das Zeremoniell der spanischen Mittagssonne. Es war das kleine österreichische Zeremoniell einer Schönbrunner Morgenstunde.

Aber gerade deshalb war der Glanz besser wahrzunehmen, und er schien mehr vom Kaiser auszugehen als von den Gesetzen, die ihn umgaben. Das Licht war besänftigt und also sichtbar und nicht blendend. Man konnte gleichsam seinen Kern sehen. Ein Kaiser am Morgen, auf einer Erholungsreise, im offenen Wagen und ohne Gesinde: ein privater Kaiser. Eine menschliche Majestät. Er fuhr von seinen Regierungsgeschäften weg, in Urlaub fuhr der Kaiser. Jeder Schuster durfte sich einbilden, daß er dem Kaiser den Urlaub gestattet hatte. Und weil Untertanen sich am tiefsten beugen, wenn sie einmal glauben dürfen, sie hätten dem Herrn etwas zu gewähren, waren an diesem Morgen die Menschen am untertänigsten. Und weil der Kaiser nicht durch ein Zeremoniell von ihnen getrennt wurde, errichteten sie selbst, jeder für sich, ein Zeremoniell, in das jeder den Kaiser und sich selbst einbezog. Sie waren nicht zu Hof geladen. Deshalb lud jeder den Kaiser zu Hof.

Von Zeit zu Zeit fühlte man, wie sich ein scheues und fernes Gerücht erhob, das gleichsam nicht den Mut hatte, laut zu werden, sondern nur gerade noch die Möglichkeit, «ruchbar» zu sein. Es schien plötzlich, daß der Kaiser schon das Schloß verlassen hatte, man glaubte zu fühlen, wie er im Hof das Gedicht eines deklamierenden Kindes entgegennahm, und wie man von einem herannahenden großen Gewitter zuerst den Wind verspürt, so roch man hier von dem herannahenden Kaiser zuerst die Huld, die vor den Majestäten einherweht. Von ihr getrieben, liefen ein paar Komiteeherren durcheinander, und an ihrer Aufregung las man wie an einem Thermometer die Temperatur, den Stand der Dinge ab, die sich im Innern zutrugen.

Endlich entblößten sich langsam die Köpfe der vorne Stehenden, und die rückwärts standen, wurden plötzlich unruhig. Wie? Hatten sie etwa den Respekt verloren?! Oh, keineswegs! Nur ihre Andacht war neugierig geworden und suchte heftig ihren Gegenstand. Jetzt scharrten sie mit den Füßen, sogar die disziplinierten Pferde legten beide Ohren zurück, und es geschah das Unglaublichste: der Kutscher selbst spitzte die Lippen wie ein Kind, das an einem Bonbon lutscht, und gab dermaßen den Pferden zu verstehen, daß sie sich nicht so benehmen dürfen wie das Volk.

Und es war wirklich der Kaiser. Da kam er nun, alt und gebeugt, müde von den Gedichten und schon am frühen Morgen verwirrt von der Treue seiner Untertanen, vielleicht auch ein wenig vom Reisefieber geplagt, in jenem Zustand, der dann im Zeitungsbericht «die jugendliche Frische des Monarchen» hieß, und mit jenem langsamen Greisenschritt, der «elastisch» genannt wurde, trippelnd fast und mit sachte klirrenden Sporen, eine alte schwarze und etwas verstaubte Offiziersmütze auf dem Kopf, wie man sie noch zu Radetzkys Zeiten getragen hatte, nicht höher als vier Mannesfinger. Die jungen Leutnants verachteten diese Mützenform. Der Kaiser war der einzige Angehörige der Armee, der sich so streng an die Vorschriften hielt. Denn er *war* ein Kaiser.

Ein alter Mantel, innen verblaßtes Rot, hüllte ihn ein. Der Säbel schepperte ein wenig an der Seite. Seine stark gewichsten, glatten Zugstiefel leuchteten wie dunkle Spiegel, und man sah seine schmalen, schwarzen Hosen mit den breiten roten Generalsstreifen, ungebügelte Hosen, die nach alter Manier rund waren, wie Röllchen. Immer wieder hob der Kaiser seine Hand salutierend an das Dach seiner Mütze. Dabei nickte er lächelnd. Er hatte den Blick, der nichts zu sehen scheint und von dem sich jeder getroffen fühlt. Sein Auge vollzog einen Halbkreis wie die Sonne und verstreute Strahlen der Gnade an jedermann.

An seiner Seite ging der Adjutant, fast ebenso alt, aber nicht so müde, immer einen halben Schritt hinter der Majestät, ungeduldiger als diese und wahrscheinlich sehr furchtsam, von dem innigen Wunsch getrieben, der Kaiser möchte schon im Wagen sitzen und die Treue seiner Untertanen ein vorschriftsmäßiges Ende haben. Und als ginge der Kaiser nicht selbst zum Wagen, sondern als wäre er imstande, sich irgendwo im Gewimmel zu verlieren, wenn der Adjutant nicht da wäre, machte dieser fortwährend winzige, unhörbare Bemerkungen an dem Ohr des Kaisers, der sich wirklich nach jedem Flüstern des Adjutanten in eine andere Richtung, fast unmerklich, wandte. Schließlich hatten beide den Wagen erreicht. Der Kaiser saß und grüßte noch lächelnd im Halbkreis. Der Adjutant lief hinten um den Wagen herum und setzte sich. Aber ehe er sich noch gesetzt hatte, machte er eine Bewegung, als wollte er nicht an der Seite des Kaisers, sondern ihm gegenüber Platz nehmen, und man konnte deutlich sehen, wie der Kaiser etwas rückte, um den Adjutanten aufzumuntern. In diesem Augenblick stand auch schon ein Diener mit einer Decke vor den beiden, die sich langsam über die Beine der beiden Alten senkte. Der Diener machte eine scharfe Wendung und sprang, wie von einem Gummi gezogen, auf den Bock, neben den Kutscher. Es war des Kaisers Leibdiener. Er war fast so alt wie der Kaiser, aber gelenkig wie ein Jüngling; denn das Dienen hatte ihn jung erhalten, wie das Regieren seinen Herrn alt gemacht hatte.

Schon zogen die Pferde an, und man erhaschte noch einen silbernen Glanz vom weißen Backenbart des Kaisers. Vivat! und Hoch! schrie die Menge. In diesem Augenblick stürzte eine Frau vor, und ein weißes Papier flog in den Wagen, ein erschrockener Vogel. Ein Gnadengesuch! Man ergriff die Frau, der Wagen hielt, und während Zivilpolizisten sie an den Schultern griffen, lächelte ihr der Kaiser zu, wie um den Schmerz zu lindern, den ihr die Polizei zufügte. Und jeder war überzeugt, der Kaiser wisse nicht, daß man jetzt die Frau einsperren würde. Sie aber wurde in die Wachstube geführt, verhört und entlassen. Ihr Gesuch sollte schon seine Wirkung haben. Der Kaiser war es sich selbst schuldig.

Fort war der Wagen. Das gleichmäßige Getrappel der Pferde ging unter im Geschrei der Menge.

Die Sonne war heiß und drückend geworden. Ein schwerer Sommertag brach an. Vom Turm

schlug es acht. Der Himmel wurde tiefblau. Die
Straßenbahnen klingelten. Die Geräusche der
Welt erwachten.

HERRMANN MOSTAR

Vierfache Bedeutung

Kaum kamest du, da kam auch ich zur Welt,
Mir wurde anvertraut, daß du entstanden,
Von ernsten Männern ward ich ausgestellt –
Durch mich erst warst du offiziell vorhanden.

Und seither bin ich um dich immerdar:
Du lebst in mir und kannst mich doch nicht
    greifen,
Du mußt mich denn von eines Heilgen Haar,
Vom Golde oder von den Sternen streifen.

Und doch: in deiner Tasche knistre ich,
Ein schmutzig Blatt, mußt du doch von mir
    leben
Und kannst nicht existieren, ohne mich
An dich zu ziehn und wieder wegzugeben.

Nacht ist und Not, bleib' ich zu lange fort,
Doch nahe ich, sind Dunkel aus und Dalles –
Und schließlich glaubst du an des Weisen Wort,
Das düster kündet, ich sei alles, alles ...

Lösung: Schein

Vor und zurück

Wie schien zur Biedermeierzeit
Dem Liebenden der Weg so weit,
Der Weg zur süßen Pforte!
Ihr Reitrock war so schwer und lang,
Und nur wenn sie aufs Pferd sich schwang,
Sah er – vielleicht! – ein Wädlein blank
Und nur die beiden Worte.

Heut merkt man beide Worte kaum,
Sportbeine stehn ja frei im Raum
Bis fast zur süßen Pforte,
So daß es nur der Leser ist,
Der beide Worte noch genießt:
Denn wenn er sie auch rückwärts liest –
Er liest doch beide Worte!

Lösung: Ein Knie

GIORGIO SCERBANENCO

Gegen Mitternacht

Ihr Mann schlief seit zehn Uhr abends. Um Mitternacht stand sie auf. Angst, er könnte wach werden, hatte sie nicht. Im Badezimmer zog sie sich an. Noch vor ein Uhr würde sie bei Paolo sein und gegen sechs Uhr morgens in ihre Wohnung zurückkehren. Sie war sicher, daß ihr Mann nicht aufwachte. Nach nun fast fünfzehn Ehejahren kannte sie ihn fast besser als sich selbst, und so regte sie sich auch nicht auf, als ihr die Haarbürste zu Boden fiel. Sie spitzte nur die Ohren: Die regelmäßigen tiefen Atemzüge ihres Mannes waren bis ins Badezimmer zu hören. Er schlief.

Sie hob die Bürste auf, beendete ihre Toilette und ging hinaus. Die Wohnungstür knarrte ziemlich heftig in der nächtlichen Stille, aber sie kümmerte sich nicht darum. Der Gedanke, daß ihr Mann aufwachen könne, beunruhigte sie nicht. Das einzige, was sie wirklich fürchtete, war die Frage, ob sie noch immer schön genug war für einen jungen Mann wie Paolo. Auch das Klicken der Fahrstuhltür ließ sie kalt. Sie drückte auf den Knopf fürs Erdgeschoß. Der Aufzug glitt sanft abwärts, vorbei an zwei Stockwerken, dann gab es einen leichten Ruck, und er blieb stehen – genau zwischen zwei Etagen.

Im ersten Moment erkannte sie nicht, was geschehen war, weil sie sich gerade den Hals, den Nacken und hinter den Ohren parfümierte. Doch plötzlich begriff sie. Sie schloß noch einmal sorgfältig die Aufzugtür, die wohl bei der Abfahrt von allein aufgegangen war und dadurch den Kontakt unterbrochen hatte. Dann drückte sie wieder auf den Knopf. Aber nichts geschah. Der Aufzug rührte sich nicht.

Sie wollte nicht gleich die Alarmglocke betätigen, der Portier würde um diese Zeit sicher in tiefstem Schlaf liegen. Aber nach einer Viertelstunde voller Unruhe und Schrecken entschloß sie sich, Alarm zu schlagen. Als sie eine halbe Stunde vergeblich geläutet hatte, gab sie auf. Ihr wurde ein wenig übel bei der Aussicht, die ganze Nacht im Aufzug verbringen zu müssen, aber auch von dem für die kleine Kabine viel zu starken Parfümduft.

Erst um halb fünf Uhr morgens konnte ein Nachtwächter sie aus ihrer unangenehmen Lage befreien. Die Lust, zu Paolo zu gehen, war vergangen. Sie kehrte in die Wohnung zurück.

Ihr Mann schlief immer noch.

DINO BUZZATI

Die Mäuse

Was ist nur mit meinen Freunden Corio los?
Was geht in ihrem alten Landhaus vor, Doga-
nella geheißen? Seit eh und je hatten sie mich
jeden Sommer für einige Wochen eingeladen.
Heuer zum erstenmal nicht. Giovanni hat mir
ein paar Zeilen der Entschuldigung geschrieben.
Ein sonderbarer Brief, der familiäre Schwierigkeiten oder Sorgen andeutet; und nichts erklärt.

Wie viele glückliche Tage habe ich bei ihnen
verbracht, in der Einsamkeit der Wälder? Aus
alten Erinnerungen steigen heute zum erstenmal kleine Begebenheiten auf, die mir damals
banal oder unbedeutend erschienen. Und die nun
plötzlich eine Erklärung finden.

So fällt mir beispielsweise aus einem lange
vergangenen Vorkriegssommer – ich war zum
zweitenmal bei den Corio eingeladen – folgendes wieder ein:

Ich hatte mich schon ins Eckzimmer im zweiten Stock mit dem Blick in den Garten hinaus
zurückgezogen – auch in den kommenden Jahren schlief ich immer dort –, um ins Bett zu gehen. Da hörte ich ein Geräusch, ein leichtes
Scharren an der Tür. Ich öffnete. Ein Mäuschen

schlüpfte mir durch die Beine und versteckte sich unter der Truhe. Es lief recht unbeholfen, und ich hätte Zeit genug gehabt, es zu zertreten. Aber es war so niedlich und zart.

Beiläufig sprach ich am nächsten Morgen mit Giovanni darüber. «Ach ja», sagte er zerstreut, «hie und da läuft eine Maus durchs Haus.» – «Ein Mäuschen – ich habe gar nicht den Mut gehabt . . .» – «Ja, das kann ich mir schon vorstellen. Aber mach dir nichts draus!» Und er sprach von etwas anderem, als sei ihm dieses Thema unangenehm.

Im Jahr darauf. Eines Abends wurde Karten gespielt, es mochte halb ein Uhr nachts gewesen sein, da hörte man aus dem Nebenzimmer – dem Salon, wo um diese Zeit die Lichter gelöscht waren – einen Schlag, ein metallisches Klappen wie von einer Feder. «Was ist das?» fragte ich. «Ich habe nichts gehört», meinte Giovanni ausweichend und wandte sich an seine Frau: «Hast du etwas gehört, Elena?» – «Nein», antwortete sie, leicht errötend. «Warum?» Ich erwiderte: «Mir schien, als ob im Salon . . . ein metallisches Geräusch –» Ich gewahrte eine gewisse Verlegenheit. «Nun, bin ich jetzt dran, die Karten zu mischen?»

Knappe zehn Minuten darauf wieder das Klappern, diesmal aus der Diele, begleitet von leisem Quietschen, wie von einem Tier. «Sag mal, Giovanni», fragte ich, «habt ihr vielleicht Mausefallen aufgestellt?» – «Nicht daß ich wüßte. Elena, es sind doch nicht etwa Fallen aufgestellt worden?» Und sie: «Wo denken Sie hin? Wegen der lächerlichen paar Mäuse.»

Ein weiteres Jahr vergeht. Kaum betrete ich das Haus, erblicke ich zwei prächtige, lebensprühende Katzen: graugetigert, unglaublich muskulös und mit so seidigem Fell, wie es nur Katzen haben, die sich von Mäusen ernähren. Ich sage zu Giovanni: «Aha, nun habt ihr euch endlich entschlossen. Wer weiß, was für Freßgelage die halten. An Mäusen dürfte ja kein Mangel sein.» – «Im Gegenteil», erwiderte er, «nur ab und zu ... wenn sie ausschließlich von Mäusen leben müßten!» – «Aber ich sehe doch, wie wohlgenährt die Miezen sind.» – «Ja, sie sind gesund und sehen auch gut aus. Weißt du, in der Küche bekommen sie immer die besten Happen.»

Wieder vergeht ein Jahr, ich komme zu meinen gewohnten Ferien ins Landhaus, auch die beiden Katzen sind wieder da. Aber es scheinen nicht mehr dieselben zu sein: nicht mehr kräftig und lebendig, sondern schlapp, mager, verbraucht. Und sie huschen nicht mehr flink von einem Zimmer ins andere. Im Gegenteil, sie weichen keinen Schritt von ihrer Herrschaft, sind schläfrig und alles andere als unternehmungslustig. Ich frage: «Sind sie krank? Wieso sind sie

so klapprig? Finden sie keine Mäuse mehr?» ¬
«Du sagst es», erwiderte Giovanni Corio lebhaft. «Es sind die dümmsten Katzen, die ich je
gekannt habe. Sie tun beleidigt, seitdem es im
Hause keine Mäuse mehr gibt... nicht den
Schatten einer Maus!» Und er lacht laut und
zufrieden.

Giorgio, der ältere Sohn, ruft mich später beiseite und sagt geheimnisvoll: «Weißt du den
wahren Grund? Sie haben Angst!» – «Wer hat
Angst?» – «Die Katzen. Papa will nicht, daß
man darüber redet, es ist ihm unangenehm. Je-
denfalls haben die Katzen Angst.» – «Angst
vor wem?» – «Vor den Mäusen natürlich! In
einem Jahr haben sich diese greulichen Viecher
von zehn auf hundert vermehrt... Und keine
Spur mehr von den kleinen Tierchen! Die rein-
sten Tiger! Größer als Maulwürfe sind sie, mit
borstigem, schwarzem Fell. Und eins steht fest:
die Katzen wagen nicht mehr, sie anzugreifen.»
– «Ja, unternehmt ihr denn nichts dagegen?» –
«Na ja, irgendwas wird man schon tun müssen,
aber Papa kann sich nicht dazu entschließen. Ich
weiß nicht warum, aber es ist besser, man spricht
nicht darüber, er wird dann gleich so nervös –»

Und im nächsten Jahr, von der ersten Nacht
an ein Getöse über meinem Zimmer, wie von
Leuten, die hin und her rennen. Tapptapptapp,
tapptapptapp, tapptapptapp. Dabei weiß ich

genau, daß über mir niemand sein kann, da ist der unbewohnbare Hausboden voller alter Möbel, Kisten und ähnlichem Kram. «Wie die schwere Reiterei», sagte ich zu mir selbst. «Das müssen ja mächtig große Mäuse sein.» Der Lärm ist so stark, daß ich nur mühsam einschlafen kann.

Am nächsten Tag frage ich bei Tisch: «Unternehmt ihr denn gar nichts gegen diese Mäuse? Auf dem Boden war heute nacht der reinste Zirkus.» Giovannis Gesicht verdüstert sich: «Mäuse? Von was für Mäusen sprichst du denn? In unserem Hause gibt es Gott sei Dank keine mehr.» Auch seine betagten Eltern protestieren: «Ach was, Einbildung! Bestimmt hast du geträumt, mein Lieber.» – «Trotzdem», sage ich, «kann ich euch versichern, daß es ein mörderischer Krach war über mir, ich übertreibe nicht. Manchmal hat die Decke richtig gezittert.» Giovanni meinte, nachdenklich geworden: «Weißt du, was das sein kann? Ich habe nie mit dir darüber gesprochen, weil manche Leute sich wegen so was ängstigen, aber in unserm Hause gibt es Geister. Auch ich höre sie oft ... Und in manchen Nächten sind sie wie vom Teufel besessen!» Ich lache: «Du hältst mich doch hoffentlich nicht für ein kleines Kind! Was heißt da Geister! Garantiert waren es Mäuse, große Mäuse, Ratten ... Was ist denn übrigens aus deinen Prachtkatzen geworden?» – «Ach weißt du, wir haben sie fortgegeben ... Aber das mit den Mäusen ist wirklich eine fixe Idee von dir! Kannst du denn von nichts anderem reden?! Schließlich leben wir hier auf dem Lande, und du wirst doch nicht verlangen ...» Ich sehe ihn erstaunt an. Warum regt er sich so auf? Er, der immer freundlich und ruhig ist?

Später werde ich wiederum von Giorgio, dem ältesten, aufgeklärt. «Du darfst Papa nicht glauben», sagt er. «Was du gehört hast, waren tatsächlich Mäuse. Manchmal können auch wir nicht schlafen. Wenn du sie sehen würdest, das sind Ungetüme! Kohlschwarz, mit stacheligen Borsten ... Und wenn du es unbedingt wissen willst, die beiden Katzen sind von ihnen erledigt worden! Eines Nachts. Wir schliefen schon ein paar Stunden, da weckte uns ein fürchterliches Katzengeschrei. Im Salon war die Hölle los. Wir sind aus den Betten gesprungen, aber von den Katzen keine Spur mehr – Nur ein paar Haarbüschel ... und hier und dort Blutflecke.»

«Aber warum in aller Welt tut ihr nichts dagegen? Fallen? Gift? Ich verstehe nicht, wieso sich dein Vater keine Gedanken darüber macht ...»

«Natürlich macht er sich Gedanken. Es ist sein Alptraum. Aber auch er hat jetzt Angst, er sagt, man solle sie nicht provozieren, dadurch würde es nur noch schlimmer. Und er sagt, es wäre jetzt doch zwecklos, weil es schon zu viele sind! Er sagt, man könnte jetzt nur noch das Haus anzünden ... Und dann, weißt du, was er noch sagt? Daß es falsch wäre, sich offen gegen sie zu stellen.» – «Gegen wen?» – «Gegen die Mäuse. Er meint, daß sie sich eines Tages rächen könnten, wenn sie noch zahlreicher geworden sind ... Manchmal frage ich mich, ob Papa nicht anfängt, ein bißchen zu spinnen. Weißt du, daß ich ihn eines Abends ertappt habe, wie er eine Wurst in den Keller warf? Als Leckerbissen für die lieben Tierchen! Er haßt sie, aber zugleich fürchtet er sie. Und er will es nicht mit ihnen verderben.»

So ging es Jahre hindurch. Bis ich im vorigen Jahr vergeblich darauf wartete, daß über meinem Zimmer der Tanz losgehen würde. Endlich war Ruhe eingekehrt. Völlige Ruhe. Nur das Zirpen der Grillen im Garten.

Am Morgen begegne ich Giorgio auf der Treppe. «Meinen Glückwunsch», sage ich. «Kannst du mir erklären, wie es euch gelungen ist, hier endlich Ordnung zu schaffen? Heute nacht hat sich nicht ein einziges Mäuslein auf dem Boden über mir gerührt.» Giorgio sieht mich mit ungewissem Lächeln an, dann meint er: «Komm. Komm nur mit und sieh dir's an.»

Er führt mich in den Keller, dorthin, wo sich

eine verschlossene Falltür befindet. «Da unten sind sie jetzt», flüsterte er mir zu. «Seit ein paar Monaten haben sie sich alle hier unten versammelt, in der Kloake. Im Haus laufen nur noch ganz wenige herum. Da unten ... hör mal!»

Er verstummte. Von unten drangen schwer definierbare Laute herauf: ein Murmeln und Fauchen und dunkles Getöse, als brodelte dort eine unruhige, lebendige Masse. Und dazwischen Stimmen, kleine spitze Schreie, Pfeifen und Wispern. «Wie viele sind es denn?» fragte ich schaudernd. «Wer kann das wissen? Millionen vielleicht ... Sieh hin, aber beeil dich!» Er zündete ein Streichholz an, hob den Deckel auf und ließ es hinabfallen. Einen Augenblick lang sah ich: in einer Schlucht ein unheimliches Gewimmel schwarzer Gestalten, die sich zu grauenhaften Abgründen türmten. Und in diesem abscheulichen Tumult lag eine Kraft, eine höllische Vitalität, die niemand mehr würde aufhalten können. Die Mäuse! Ich sah aufblitzende Pupillen, Tausende und Abertausende, die nach oben starrten, mich bösen Blickes musternd. Giorgio schlug den Deckel wieder zu.

Und jetzt? Warum hatte Giovanni geschrieben, daß er mich nicht mehr einladen könne? Was ist geschehen? Es drängt mich, ihm einen Besuch zu machen, ein paar Minuten würden genügen, um wenigstens Bescheid zu wissen. Aber ich gestehe, daß ich nicht den Mut dazu aufbringe. Von verschiedenen Seiten sind sonderbare Gerüchte zu mir gedrungen. So sonderbar, daß die Leute sie als Märchen wiedererzählen und darüber lachen. Ich aber lache nicht.

So heißt es, daß die alten Eltern Corio gestorben seien. Es heißt, daß niemand mehr das Landhaus verläßt und daß ein Mann aus dem Dorf die Lebensmittel hinbringt und die Lieferung jeweils am Waldrand ablegt. Es heißt, daß niemand mehr ins Landhaus hereinkommt; daß riesige Mäuse es besetzt halten; und daß die Corio ihre Sklaven geworden sind.

Ein Bauer, der sich dem Hause genähert hatte – aber nicht allzu sehr, denn vor dem Eingang standen etwa ein Dutzend dieser Ungetüme in drohender Haltung –, behauptet, daß er Signora Elena Corio, die Frau meines Freundes, dies süße und liebenswerte Geschöpf, gesehen habe. Sie stand in der Küche, neben dem Feuer, wie eine Bettlerin gekleidet; und rührte in einem riesigen Topf, während neben ihr ekelhafte, gefräßige Bestien sie zur Eile trieben. Sie sah ganz übermüdet und verzweifelt aus. Als sie den Mann sah, der sie anstarrte, machte sie eine trostlose Handbewegung, als wollte sie sagen: «Kümmern Sie sich nicht darum. Es ist zu spät. Für uns ist keine Hoffnung mehr.»

CLEMENS BRENTANO

Die Hexen auf dem Austerfelsen

Vor mehreren Jahren, da ich als Leutnant zu
Dünkirchen in Garnison lag, genoß ich der ver-
trauten Freundschaft meines Majors, eines alten
Gasconiers. Er war ein großer Liebhaber von
Austern, und zu seiner Majorschaft gehörte der
Genuß von einem großen Austerfelsen, der hinter einem Lustwäldchen, einen halben Büchsen-
schuß weit vom Ufer in der See lag, so daß man
ihn bei der Ebbe trocknen Fußes erreichen
konnte, um die frischen Austern vom Felsen zu
schlagen. Da der Major eine Zeit her bemerkt
hatte, daß in den meisten zutage liegenden
Austern nichts drinnen war, konnte er sich gar
nicht denken, wer ihm die Austern aus den Schalen hinweg stehle, und er bat mich, ihn in einer
Nacht mit Schießgewehr bewaffnet nach dem
Austerfelsen zu begleiten, um den Dieb zu be-
lauern.

Wir hatten kaum das kleine Gehölz betreten,
als uns ein schreckliches Katzengeheul nach der
See hinrief, und wie groß war unser Erstaunen,
als wir den Felsen mit einer Unzahl von Katzen
besetzt fanden, die, ohne sich von der Stelle zu
bewegen, das durchdringendste Jammergeschrei

ausstießen. Ich wollte unter sie schießen, aber mein Freund warnte mich, indem es gewiß eine Gesellschaft von Zauberern und Hexen sei und ich durch den Schuß ihre Rache auf uns ziehen könnte. Ich lachte und lief mit gezogenem Säbel nach dem Felsen hin; aber wie ward mir zumute, da ich unter die Bestien hieb und sich doch keine einzige von der Stelle bewegte; ich warf meinen Mantel über eine, um sie ungekratzt von der Erde aufheben zu können, aber es war unmöglich, sie von der Stelle zu bringen, sie war wie angewurzelt.

Da lief es mir eiskalt über den Rücken, und ich eilte, zu meinem Freunde zurückzukommen, der mich wegen meiner tollkühnen Expedition tüchtig ausschmälte. Wir standen noch, bis die Flut eintrat, um zu sehen, wie sich die Hexenmeister betragen würden, wenn das Wasser über sie herströmte; aber da ging es uns wie unserem kroatischen Freunde, als die Kirchglocke das Katzenpicknick auf der Eiche unterbrach. Kaum rollte die erste Welle über den Felsen, als die ganze Hexengesellschaft mit solchem Ungestüm gegen das Ufer und auf uns los stürzte, daß wir in der größten Eile Reißaus nahmen.

Am anderen Morgen begab sich der alte Major zum Gouverneur der Festung und zeigte ihm an, wie die ganze Festung voll Hexen und Zauberern sei, deren Versammlung er auf seinem

Austerfelsen entdeckt habe. Der Gouverneur lachte ihn anfangs aus und begann, als er ernsthaft Truppen begehrte, diese Zauberer in der nächsten Nacht niederschießen zu lassen, an seinem Verstand zu zweifeln. Der Major stellte mich als Zeugen auf, und ich bestätigte, was ich gesehen, und die wunderbare Erscheinung von Unbeweglichkeit der Katzen. Dem Gouverneur war die Sache unbegreiflich, und er versprach, in der nächsten Nacht selbst zu untersuchen. Er ließ allen Wachen andeuten, ehe er in der Nacht mit uns und hundert Mann Voltigeurs ausmarschierte, keine Rücksicht darauf zu nehmen, wenn sie schießen hörten.

Als wir dem Gehölz nahten, tönte dasselbe Katzengeschrei und wir hatten vom Ufer dasselbe eigentümlich schauerliche Schauspiel: den lebendigen heulenden Felsen im Mondschein über der weiten, unbegrenzten Meeresfläche. Der Gouverneur stutzte, er wollte hin, aber der Major hielt ihn mit ängstlicher Sorge zurück; nun ließ der Gouverneur die hundert Mann von der Landseite den Felsen umgeben und zwei volle Ladungen unter die Hexenmeister geben, aber es wich keiner von der Stelle, wenngleich eine Menge Stimmen unter ihnen zu schweigen begannen.

Hierüber verwundert, ließ sich der Gouverneur nicht länger halten, er ging nach dem Felsen und wir folgten ihm; er versuchte, eine der Katzen wegzunehmen, aber sie waren alle wie angewachsen; da entdeckte ich, daß sie alle mit einer oder mehreren Pfoten, manche auch mit dem Schwanz in die festgeschlossenen Austern eingeklemmt waren. Als ich dies angezeigt, mußten die Soldaten heran und sie sämtlich erlegen. Da aber die Flut nahte, zogen wir uns ans Land zurück, und die ganze Katzenversammlung, welche gestern so lebhaft vor der ersten Woge geflohen war, wurde jetzt von der Flut mausetot ans Ufer gespült, worauf wir, den guten Major herzlich mit seinen Hexen auslachend, nach Hause marschierten.

Die Sache aber war folgende: Die Katzen, welche die Austern über alles lieben, zogen sie mit den Pfoten aus den Schalen, und das gelang nicht länger, als bis sie von den sich schließenden Muscheln festgeklemmt wurden, wo sie sich dann so lange mit Wehklagen unterhielten, bis die Austern, von der Flut überschwemmt, sich wieder öffneten und ihre Gefangenen entließen; und ich glaube, bei strenger Untersuchung und weniger Phantasie würde unser Freund bei seinem Katzenabenteuer ebensogut lauter Fischdiebe, wie wir Austerndiebe entdeckt haben.

QUELLENNACHWEIS

An dieser Stelle danken wir den Autoren und
Verlagen, die uns freundlicherweise den Nach-
druck folgender Beiträge gestatteten: O. W.
Barth Verlag, München: *Paul Reps · Zwei Zen-
Geschichten* (aus: «Ohne Worte – ohne Schweigen»); Herrn Johannes von Guenther, Kochel
am See: *Michail Sostschenko · Qualität der Pro-
duktion*; Hoffmann und Campe Verlag, Ham-
burg: *Siegfried Lenz · Die große Konferenz*
(aus: «So zärtlich war Suleyken, Masurische
Geschichten», [c] 1955); Verlag Kiepenheuer
und Witsch, Köln: *Joseph Roth · Seine k. und k.
apostolische Majestät* (aus: Werke, Band 2);
Kösel Verlag, München: *Karl Kraus · Definitio-
nen* (aus: Werke, Band 7); Limes Verlag, München: *Ramón Gómez de la Serna · Der gebildete Dieb*; Nymphenburger Verlagshandlung,
München: *Dino Buzzati · Die Mäuse* (aus: «Das
Haus mit den sieben Stockwerken»); Scherz
Verlag, Bern: *Agatha Christie · Das Wespen-
nest* (aus: «Der Unfall und andere Fälle»),
Marie von Ebner-Eschenbach · Aphorismen,
Charles Einstein · Glück im Spiel (aus: Alfred
Hitchcock · «Meine Schreckensstunden»), *Herr-*

mann Mostar · *Vierfache Bedeutung* und *Vor und zurück* (aus: «In diesem Sinn Ihr Herrmann Mostar») und *Giorgio Scerbanenco · Gegen Mitternacht* (aus: «Das Beste vom Bösen»); Suhrkamp Verlag, Frankfurt: *Wolfgang Hildesheimer · Eine größere Anschaffung* (aus: «Lieblose Legenden») und *Antonio Machado · Der Zuckerbäcker* (aus: «Juan de Mairena»); Ullstein Verlag, Berlin: *Jerome K. Jerome · Onkel Podger klopft einen Nagel in die Wand* (aus: «Drei Mann in einem Boot»).